INHALT

»Ganz normal« ist hier ganz anders	5
Annehmen und angenommen werden	7
Schicksale	8
Ab in den Sarg – AIDS	11
Christsein kann teuer werden – spannend ist es allemal	17
Gefährdungen	20
So leben wir	21
Die Neubekehrten	24
Kaputte Leute können heil werden	27
St. Pauli lebt gefährlich – eine Hochschule Gottes	29
Das Heil kommt aus Zion	31
Jeder hat einen Sparren frei, wer's nicht glaubt, hat ihrer zwei	34
Gottes Hände halten fest	36
Besuch beim Senator	39
Hamburg, Hafenstraße	41
Aus dem Tagebuch eines Mitarbeiters	44
Die Badewanne – ein Gottes-Geschenk	47
Erinnerungen	48
Sprüche – und nichts dahinter?	50
Die ganze Straße ist voll Gott	54
Unser Viertel verändert sich dauernd	57
Heilung	59
Sie wollte vor der S-Bahn sterben	60
Der Vogel hat ein Nest gefunden	63
Hiob hat das auch gekannt	65
Mit Christus zu den Nachbarn	68
Da sein ist alles!	70
Die Erlaubnis	71
Traurigkeiten	74
Der doppelte Ruf	75
Es ist noch viel zu tun	77

Alles hat seine Geschichte	78
Wer keine Zeit hat, braucht Geduld	81
Die Wege der Väter nicht kopieren, aber sie kapieren	83
Helfer gesucht!	85
Du und Deine Welt	87
Menschen in Not brauchen Menschen	88
Der starke Mann?	91
Wenn einer betet	94
Dienst an einer verlorenen Generation	94
Neu anfangen!	96
Auf der Suche nach Geborgenheit	97
Zum Dienst bereit	98
Und die Antwort war Liebe	99
Eine Gemeinde, die anders ist – Landeplatz für Kaputtgegangene	104
Meine allererste Wirtschaftsmission	107
Aus dem »Tüpfelchen auf dem i« wurde ein großer runder Kreis	109
Frauen unter der Blut- und Feuer-Fahne	111
Leitbilder und was daraus werden kann	113
Catherine Booth – mein Vorbild	116
Das Team	117
Wir brauchen Mitarbeiter	118
Kinderlos?	120
In der Herbertstraße	122
Auf der Großen Freiheit	126
... da starb das Baby – Trauerarbeit	129
Vorwärts für Jesus!	132

»Ganz normal« ist hier ganz anders

Wenn ich durch St. Pauli gehe und zu jemandem sage: »Guten Tag«, dann erwarte ich natürlich eine Reaktion. So begegnete ich einer Frau und sagte zu ihr:

»Gott segne Sie!«

Da blubberte mich die Prostituierte an:

»Sag das noch mal!«

Ich wiederholte etwas ängstlich: »Gott segne Sie!«

Daraufhin sie: »Du bist seit zehn Jahren der erste Mann, der Sie zu mir sagt.«

Schon sind wir beim Problem. Das Selbstwertgefühl ist einem Unwertgefühl gewichen, dem Empfinden: Ich bin fertig. Ich bin nichts wert – mir nicht, keinem Menschen. Und dann reicht es gerade noch für St. Pauli.

Das haben mir die Frauen hier immer wieder gesagt. Sie haben ein seltsam offenes Vertrauen zu mir. Das macht die Uniform. Oft sind die Männer und Frauen, die diese Uniform tragen, die letzten Ankerplätze für abgetakelte Menschen, die einmal voller Hoffnung (Illusionen?) in See stachen und total ruiniert hier einen Hafen suchen.

In eine Kneipe falle ich mit meiner »Heilsarmeeuniform« natürlich auf. Ich setze mich dann an einen der Tische, an dem schon ein paar Stammkunden oder auch nur St. Pauli-Passanten sitzen, sage auch da »Guten Tag« und trinke eine Cola oder eine Limonade – schon das ist eine Demonstration. Ich lege den »Kriegsruf« auf den Tisch und spreche mit den Menschen über Christus, auch gerade anhand dieser provokativen Zeitschrift.

»Ich bin für den Frieden!« schreit da einer.

Ich antworte: »Ich auch, aber ich kämpfe gegen meinen inneren Schweinehund!«

Und sofort sagen die Leute: »Er hat ihn auch!«

»Ach«, sage ich, »du kennst das auch, dieses Problem, daß du mit dir selber nicht klarkommst?« Und schon sind wir im Gespräch. Nach wenigen allgemeinen Sätzen kommen sie ganz schnell auf Eheprobleme – zuerst recht allgemein; dann wird's persönlich. Die Männer auf St. Pauli haben ja Angst. Wenn sie aus dem Bordell kommen, dann sehen sie nach links und rechts, ob ihre Olga – oder wie ihre Frau gerade heißt – sie auch nicht sieht. Man spürt immer etwas von Angst in St. Pauli, und da ist es mir wichtig zu zeigen, daß Jesus Christus Menschen von dieser Angst befreit – von der, die ins Bordell treibt, und von der danach.

Ich war neunzehn Jahre alt, als ich die Geborgenheit meines pietistischen Elternhauses in Württemberg verließ und zum Studium nach Hamburg fuhr. Ich wußte, was es heißt, mit Jesus zu leben, denn ich war zwei Jahre vorher Christ geworden.

Ich hatte Sozialpädagogik belegt. Um mir einen Eindruck vom sozialen Elend dieser Stadt zu vermitteln, führte mich ein Studienkollege durch St. Pauli. Er zeigte mir das Elend im Hermelinmantel und in den Lumpen der Verwahrlosung, vor allem in der Straße der Prostitution, wo rechts und links die Fleischmassen im Schaufenster auf Kundschaft hoffen.

Gerade in dieser Straße erlebte ich meine Berufung, ganz schlicht und einfach das Wissen: Hier will Christus dich haben.

Ich wollte das nicht. Ich sagte: »Ich gehe überall hin, Herr, sogar nach Afrika (obwohl ich immer schwitze); aber in St. Pauli kann ich nichts ausrichten, dafür bin ich nicht qualifiziert!« Ich hatte noch nie solche Menschen gesehen.

In diesem Augenblick wies der Studienkollege auf eine Gruppe seltsam gekleideter Männer und Frauen hin und sagte:

»Da hinten, das sind die armen Irren von der Heilsarmee!«

Ich stellte mich diesen Leuten vor mit dem Resultat, daß ich gebeten wurde, am nächsten Sonntag bei ihnen zu predigen. So bin ich bei den »armen Irren« hängengeblieben. Ich lernte sie immer mehr lieben und schätzen und sah, daß die gute Arbeit in St. Pauli Unterstützung brauchte. Ich träumte von einer alkoholfreien Gaststätte. Ich habe vom ersten Tag an gemeint, hier müßte eine Beratungsstelle eingerichtet werden. Die Leute brauchten auch warme Sachen; man konnte sehen, daß sie froren... Träume, die Gott in seiner Barmherzigkeit dann im Laufe der Jahre – entsprechend abgeändert – verwirklichte.

Ich hatte nicht vor, zwanzig Jahre in St. Pauli zu sein. Im Gegenteil – ich dachte, ich mache das ein bis zwei Jahre während des Studiums, und dann kommt etwas anderes dran. Aber Gott führte meine Frau und mich anders, denn auch in den acht Jahren unseres Dienstes als Gemeindepastor blieb St. Pauli immer unsere Liebe. Jede freie Minute verbrachten wir dort und bauten die Arbeit weiter aus.

Annehmen und angenommen werden

Es gehört zu den Methoden der Heilsarmee, daß sie ihre Leute immer gleich an die Arbeit stellt. Sie schickt sie bedenkenlos in die schlimmsten Reviere, und so gab man mich ahnungslosen Knaben einer älteren Schwester mit auf die »Wirtschaftsmission«: Ich hatte sie bei ihren Gängen durch die Hafenkneipen zu begleiten. Und dabei merkte ich: Ich werde angenommen. Die Menschen mochten mich. Sie schütteten mir ihr Herz aus. Sie sprachen über ihre Probleme. Und dann kam eigentlich alles ganz von selber.

Heute verstehe ich das als wichtige Begleitumstände einer Berufung.

Gott öffnete mir die Augen für die Bereitschaft der »Heilsarmisten«, die Menschen anzunehmen, wie sie sind. Ich erlebte nie Arroganz, nie moralisierende Überheblichkeit. Ich lernte mit der Zeit, Menschenwürde zu sehen, wo die zerrissenen Lumpen nur Verfall preisgaben.

Ich merkte, daß man in St. Pauli Kleidung braucht. Also sammelte ich Kleider. Als ich feststellte, daß im Heilsar-

Wir ziehen singend durch St. Pauli

meekeller viele lagen, wurden sie sortiert. Ich habe schnell junge Leute um mich gehabt, die ich einfach einlud, mir zu helfen – junge Christen, die ihr Wochenende mit mir verbrachten, und so entstand ein Team aus ehrenamtlichen Mitarbeitern.

Wer St. Pauli nicht als Sensation erleben oder als Programmpunkt für Touristen abhaken will, wer also mit dem Wunsch nach Hamburg kommt, St. Pauli ein wenig besser zu verstehen (im Vertrauen gesagt: Das sind nur wenige!), der sollte einige Schicksale kennenlernen, und damit etwas mehr von der Situation hier.

Schicksale

Keines dieser Schicksale gleicht dem andern. Aber zwei Erfahrungen haben sie alle gemeinsam: Sie kommen aus der

Angst und landen hier im Elend ihrer Einsamkeit. Viele, weil sie nie Geborgenheit erlebten; andere, weil sie verlassen wurden oder verlassen haben.

Als ich das sah, hat es mich sehr bewegt. Ich wollte mithelfen und diesen Menschen, die nicht wissen, wohin, ein Stück Geborgenheit geben. Wir haben das mit Hilfe verschiedener Angebote immer wieder versucht und luden zu Bibelstunden und Gesprächskreisen ein, bis wir merkten, daß alle diese Angebote nichts nützen, wenn nicht Christus wirklich der Herr auch solcher Bemühungen wird. Und heute muß ich sagen: Es geht gar nicht anders, als daß wir den Menschen, die kaputt sind, Jesus groß machen.

Das kann zu dramatischen Erlebnissen führen, und zu einem der dramatischsten wurde jenes, als ich nachts von einem Polizisten angerufen wurde. Der wußte nicht weiter. Er sagte, daß ein Mann sein Kind, das der Mutter zugesprochen war, entführt habe und die Polizei jetzt nicht weiter wisse, denn der Mann habe gesagt: »Wenn die Bullen kommen, dann ballerts.«

»Sie können mich gerne abholen«, sagte ich. Bei der Hamburger Davidwache bin ich bekannt. In dem Verzeichnis mit meinem Namen steht dahinter: »Kann bei Tag und Nacht angerufen werden.« Ich sagte gerne zu, aber ich meinte, mit einem Streifenwagen ginge das wohl schneller.

»Nein«, sagt der Beamte, »das wäre heute zu langsam. Wir müssen Ihnen den Hubschrauber schicken!« Ganz entsetzt frage ich meine Frau:

»Was soll ich jetzt machen?«

»Zieh dich erst mal an«, sagt meine nüchterne Renate. Da hörte ich auch schon den Hubschrauber auf einer Wiese landen. Ich ziehe also meine Heilsarmeeuniform an, packe meine Bibel ein, jage über die Wiese und steige ein. Ich bin ein bißchen aufgeregt und bete: »Herr Jesus, hilf mir, daß ich keinen Mist baue!« Der Pilot muß das gehört haben. Er sagt ganz entsetzt:

»Herr Pfarrer, kann man so mit Gott reden?«

»Na klar!« antworte ich. »Wie reden Sie denn mit ihm?«

»Seit zehn Jahren nicht mehr.« Und dann sprechen wir über den Glauben, über das Reden mit Gott. Wir haben darüber die Zeit vergessen; er unterbricht seinen Satz: »Da unten ist das Haus. Ich kann aber nicht landen, ich muß Sie an die Leine nehmen.«

Nun bekomme ich noch mehr Angst. Er legt mir ein Koppel um den Bauch. Eine ganz dicke Nylonschnur an einem Karabinerhaken hält mich fest. So schwebe ich einige Sekunden zwischen Himmel und Erde, bis ich dann auf einem flachen Dach aufsetze. Ein dort wartender Polizist schnallt mich ab, und ich renne nun hinter ihm her bis zu einer Tür, hinter der ein Baby schreit. Ich klopfe an und rufe:

»Guten Morgen, hier ist Pastor Fischer!«

»Ich kann Pfaffen nicht leiden«, schreit der Mann.

Ich brülle zurück: »Ich auch nicht!«

»Haben Sie eine Waffe?« fragt er.

»Na klar, meine Bibel.« Die Polizisten lachen jetzt, und offensichtlich muß er auch lachen. Er fragt:

»Sonst nichts?«

»Nein, aber die ist scharf genug.«

»Dann geben Sie mal her.«

Ich schlage die Stelle auf, wo Jesus sagt: »Kommt her zu mir alle, die ihr mühselig und beladen seid, ich will euch erquicken.« Er macht die Tür einen Spalt auf, ich gebe ihm meine Bibel, schiebe mich nach und stehe vor einer Pistole, die er mir ins Gesicht hält.

»Märtyrer, hast du Angst?« fragt er.

»Klar«, sage ich.

»Und wenn ich dich jetzt erschieße?« Ich sage, daß meine Frau sich nicht freuen würde, wenn ich als Sieb nach Hause käme, daß ich mich aber ganz bewußt in Gottes Hand wisse und daß ich jetzt hier sei, um ihm zu helfen.

»Ich verstehe das Bibelwort nicht.«

Er hat es also gelesen! Ich übersetze es ihm ganz frei – Theologen mögen diese Zeilen bitte überschlagen:

»Jesus sagt: Komm her zu mir, du, der du Frust hast und dem die Sicherung durchgebrannt ist! Ich helfe dir.«

»Pfaffe, da ist mein Problem.« Er hält mir das Kind hin.

Ich nehme das Baby auf den Arm, tröste es ein bißchen und trage es zu der Mutter zurück und frage die Frau, ob sie bereit ist, mit ihrem Mann weiter Kontakt zu haben. Sie sagt ja, und wir beginnen eine Ehetherapie.

Die Polizei war damals bereit, keine Anzeige zu erstatten. Heute arbeitet dieser Mann in der Gemeinde mit. Wir haben erlebt, daß Christus Menschen radikal verändert, auch in solchen dramatischen Situationen.

Ab in den Sarg – AIDS

Aber mein Dienst verläuft natürlich nicht immer so dramatisch wie damals. Das hängt von der Situation ab. Wichtig ist der klare Blick für die jeweilige Not-wendigkeit, wenn Gott sie gibt. Wir können nicht jede Not wenden. Aber wenn wir Not sehen und aus der Angst, ihr nicht gewachsen zu sein, uns von ihr abwenden, dann werden wir schuldig: Wir entscheiden damit über Gottes Bereitschaft, helfend einzugreifen.

Als ich nach Hamburg kam, gab es dort ein Heilsarmeekorps wie in allen Großstädten. Was dann geworden ist, ist nur aus irgendwelchen Nöten heraus entstanden. Dafür ist auch unsere neueste Einrichtung ein Beispiel: die AIDS-Beratung.

Ich habe schon seit langem dafür gebetet, daß Gott uns eine solche Möglichkeit gibt. Da kam dann vor zwei Jahren Manuela Kuch, eine junge Berliner Ärztin; sie machte hier ein diakonisches Jahr, und in dieser Zeit fand sie das Thema für ihre Dissertation: Sie wird bei einem Sozialmediziner über AIDS promovieren, und inzwischen baut sie in unserem Haus in St. Pauli zusammen mit den Mitarbeitern und mir eine Beratungsstelle für AIDS-Kranke auf.

Vor einigen Jahren rief mich eine verzweifelte Mutter an: Ihr 21jähriger Sohn sei an AIDS erkrankt, sie seien als Familie am Ende. Eine Blutkonserve sei vertauscht worden, und nun war dieser junge Mann, der bewußt mit Jesus zu leben versuchte, ein Kandidat des Todes. Intensiv waren unsere Gespräche. Das Gebet und auch das immer wieder völlige Vertrauen der Eltern und des jungen Mannes auf Christus ließen ihn dem Tod entgegensehen, getrost und in dem Wissen, daß er eigentlich nicht stirbt, sondern zur himmlischen Herrlichkeit befördert wird, dann bei dem Herrn sein wird, an den er glaubt, und darauf konnte er sich freuen. Natürlich war diese Freude verbunden mit einem tiefen inneren Leid. Kurz vorher hatte er das Abitur bestanden, wollte eine theologische Ausbildung machen, und nun stand das Ende greifbar nahe. Der Weg ins Sterben, den ich zum Teil begleiten durfte, war beeindruckend. Er starb in tiefem Frieden mit Christus, und bei der Bestattung konnte ich dies auch froh und getrost bezeugen. Für mich sind Beerdigungen von Menschen, die mit Christus lebten, immer ein Vorgeschmack des Himmels und ein Stück tiefe Freude darüber, daß das Schönste immer noch kommt. Durch den Tod dieses jungen Mannes und sein qualvolles Hinsiechen kam ich zum erstenmal in Verbindung mit AIDS-Kranken, und der Wunsch, solchen Leuten Hilfe anzubieten, war groß. Als ich mit der Problematik dieser Kranken etwas vertrauter wurde, gab es nur noch eine Konsequenz: ihnen unser Verstehen, unsere Gebete, unsere ganz praktische Hilfe anzubieten.

In den letzten fünf Jahren ist die Prostitution in St. Pauli zurückgegangen. Der Grund ist AIDS. Schnodderig heißt es: »Ab in den Sarg – AIDS!« Man hat in St. Pauli Angst vor dem Kaputtgehen, obwohl jeder weiß, daß man in St. Pauli ohnehin kaputtgeht: »Die Weiber und der Suff, die reib'n den Menschen uff« – diese Sprüche liest man an den Wänden, aber man sieht dann schnell wieder weg.

Doch wir erleben heute viel häufiger als früher, daß uns Prostituierte ansprechen und sagen:

»Bitte, hilf mir raus!«

Und durch Gottes Hilfe haben wir Möglichkeiten herauszuhelfen. Wenn heute eine Frau sagt: »Ich will raus« – dann kann sie am Abend in einer Einrichtung sein, die ihr weiterhilft. Gott hat uns viele Verbindungen zu Diakonissenmutterhäusern, auch zu katholischen Klöstern gegeben. Und wenn Zuhälter sehr rabiat sind, dann bin ich dem lieben Gott sehr dankbar für ein Kloster irgendwo in Bayerisch-Sibirien, das Frauen aufgenommen hat. Es ist so weit weg und so hermetisch abgeschottet, daß da niemand den Weg hin findet.

Auch hier erleben wir, daß die Zusammenarbeit der Menschen, die Christus lieb haben, sehr wichtig ist. So wird Leben gerettet. Es macht mich immer glücklich, wenn ich erlebe, daß da Menschen sind, die um Christi willen mir diese Leute abnehmen und sie unter Gottes Schutz stellen. Ich erlebe da manchmal viel mehr Glauben als bei jenen Leuten, die so fromm daherreden, sich aber zu keiner schlichten Glaubenstat bereit finden.

Mit der AIDS-Beratung fing es bei uns an, als ein junger Mann mich ansprach und sagte:

»Pastor, ich muß sterben. In vierzehn Tagen bin ich tot. Kannst du mir helfen?«

So schnoddrig läuft das ab, und genau so schnoddrig antworte ich:

»Nein, ich kann dir nicht helfen, da mußt du eben zur Hölle gehen.«

Ich sage das so drastisch, damit der Mensch merkt: Er braucht das, was die Bibel Wiedergeburt nennt. Und wir haben das bei drei AIDS-Kranken, die wir beerdigt haben, so erfahren. Diese AIDS-Kranken wurden in den letzten vierzehn Tagen ihres Lebens ganz bewußte Jünger Jesu.

Das ist eine sehr frohmachende Erfahrung. Ich will ja nicht mit der Hölle drohen, aber die Menschen in St. Pauli wissen sehr gut, daß sie in der Hölle sind. Sie halten sich für sehr schlecht, und da darf ich ihnen dann zeigen, daß sie Gottes Geschöpfe sind und daß das immer noch stimmt. Daß aber ohne den Schöpfer die Möglichkeiten des Geschöpfes bald erschöpft sind.

Als ich dies den sieben AIDS-Kranken sagte, auch daß das Angebot, durch Christus neu zu werden, ihnen gilt, haben jene drei, also fast die Hälfte der sieben, die ich beerdigt habe, Christus angenommen. Bei den anderen weiß ich das nicht sicher, weil es nie zu einer ausdrücklichen Lebensübergabe kam; aber sie haben alle von Christus gehört, und ich habe mit allen beim Sterben gebetet.

Hier vertraue ich Gott. Er wird mit seiner Schöpfung zurechtkommen. Das tröstliche Wort »Den Aufrichtigen läßt es Gott gelingen« war mir oft eine Hilfe, auch vor kurzem, als ich mit einem aidskranken jungen Mann zu tun hatte, der die letzten Wochen seines Lebens nicht mehr sprechen konnte, weil ein Stimmbandkrebs hinzugekommen war. Ich sah seine Angst. In seinen Augen las ich seine Not, und aus der Antwort seiner Augen nahm ich mir das Recht, über ihm zu beten. So ging er heim, und ich bin sicher, er ist bei Gott besser aufgehoben als hier auf dieser Erde.

Nach diesen Erlebnissen organisierten wir die AIDS-Beratung. Auch sie entstand wie alles, was wir gemacht haben, aus der Not jener Menschen, die zu uns kamen.

Wir haben uns nie eine Arbeit selbst ausgesucht, und wir können uns kaum etwas Besseres vorstellen, als daß sie uns zugeführt wird.

Am Anfang wollte ich hier in St. Pauli Jugendarbeit machen. Wir arbeiteten damals sehr eng mit dem hiesigen Jesus-Center zusammen. Doch in den Siebziger Jahren kam es zu einem dummen Streit, den Gott benutzte, um uns unsere Platzanweisung zu geben.

Es gab damals eine Tendenz in dieser Bewegung, die

Neubekehrten zu taufen, ohne nach ihrer Beziehung zu einer Gemeinde zu fragen. Sie tauften einfach nach dem Motto: »Hier ist Wasser, was hindert mich, daß ich taufe...«, etwa wie der Kämmerer aus dem Morgenland, der sich ja in einer ganz anderen Situation befand.

Ich konnte dieser Methode nicht zustimmen, und so gab es dann einen Bruch. Man sagte: »Du bist eben anderen Geistes.« Ich ging jeden Donnerstag nach St. Pauli mit einem ganz traurigen Herzen und dachte: Jetzt werden keine Jugendlichen mehr bei uns sein.

Und es war auch so.

Aber dafür standen etwa 40 Stadtstreicher vor der Tür. In einer solchen Menge hatten wir die noch nie erlebt. Sie waren einfach da. Sie tranken dann mit uns Tee. Ich weiß es noch wie heute: Wir waren drei Mitarbeiter und diese 40 Stinkerle, und damit war die Arbeit für Obdachlose geboren. Mit dem Jesus-Center gab es dann wieder eine herzliche Zusammenarbeit, als man sich dort um drogenabhängige Jugendliche kümmerte, wir um die etwas jüngeren Alkoholiker, wir uns die »Fälle« gegenseitig zuschicken konnten. Dasselbe »in Grün« entstand dann in der Jugendarbeit. So hat Gott geholfen, daß jeder seine Arbeit tat und Er damit bezeugt wurde.

In der AIDS-Beratung fingen wir damit an, daß wir den Kranken in ihren Schwierigkeiten beistanden. Heute bieten wir mit unserer jungen Ärztin ganz bewußt Beratungsarbeit an, nehmen Kontakte zu den Krankenhäusern auf, stellen Verbindungen zu den Angehörigen her. So wird das Ganze jetzt organisiert, was am Anfang mit zwei, drei Fällen so zu uns kam.

Von vornherein wollten wir nicht nur den einzelnen AIDS-Kranken sehen, sondern auch sein Umfeld. Die meisten unserer AIDS-Kranken wurden von ihren Familien ausgestoßen. Aber Gott schenkte es mir in zwei Fällen, daß ich die Kontakte zur Familie wieder aufbauen konnte, indem ich sie besuchte und ermutigte, dem sterbenden Sohn zu vergeben, und das geschah auch in diesen zwei Fällen. Aber bei vielen anderen geschieht da gar nichts. Dagegen ist die Zusammenarbeit mit den staatlichen Stellen und den Krankenhäusern äußerst gut. Natürlich ist jeder froh, wenn es irgend jemanden gibt, der sich um solche Leute kümmert.

Viel können wir ohnehin nicht tun. Wir haben bis jetzt noch keine Möglichkeit, diese Kranken bei uns aufzunehmen. Wir begleiten sie im Krankenhaus. Ich träume manches Mal von einer Sterbeklinik im Sinne von Sterbehilfe – nicht nach Hackethal, sondern nach Mutter Teresa. Sie ist überhaupt auch da ein ganzes Stück Vorbild für mich, und ich möchte von ihr und ihren Ideen mehr lernen.

Alles, was wir in St. Pauli tun, entsteht aus den Nöten, die die Menschen uns bringen. So entstand die Kleiderkammer, weil es Menschen gab, die Kleidung brauchten. So entstanden die Essensausgaben, weil die Leute Hunger hatten. Die soziale Beratung entstand, weil es Menschen gab, die Sozialhilfe brauchten. Da beschäftigt sich die junge Sozialarbeiterin mit Menschen, die sich z.B. nicht trauen, einen Antrag auf Rente auszufüllen, also ganz simple Dinge. Denn was normalerweise jeder kann, können diese Menschen nicht. Mit alledem ergänzen wir die normalen Heilsarmee-Programme, denn wir sind in die hiesige Heilsarmee-Gemeinde, das Hamburger Heilsarmeekorps, integriert. Hier besuchen wir die Versammlungen und beteiligen uns an deren Gestaltung. Die Gemeinde, im Heilsarmeedeutsch Korps genannt, wird von Major und Frau Schollmeier geleitet. Dieses Korps veranstaltet Sonntag morgens und Sonntag abends einen Gottesdienst, hält Freiversammlungen. Sehr beliebt ist das Straßensingen. Die einzelnen Gemeindeglieder helfen bei der »Wirtschaftsmission«, die Gemeinde unterhält einen großen Altenclub – »Silberfädenkreis« genannt –, hat Jugendarbeit und Kinderarbeit.

Eigentlich ist unser Team für die besonderen Verhältnisse von Hamburg zuständig. Das hat sich so entwickelt. Heute wünsche ich jeder Stadt, in der die Heilsarmee arbeitet, ein solches Team. Denn viele junge Christen sind bereit, etwas für Christus zu tun, manche aber scheuen es, in einem Altenheim, in einem Krankenhaus zu arbeiten. Sie suchen eine andere Möglichkeit.

Ich denke, ein diakonisches Jahr in der Arbeit wie unserer ist immer eine Bereicherung, und wir sind sehr froh, daß auch einige länger bleiben wollen als nur ein Jahr. Das ist übrigens auch für uns ganz neu, wir erleben es erst seit vier Jahren. Vorher kamen die jungen Leute immer für ein Jahr vor ihrer Ausbildung. Jetzt kommen auch einige Ältere.

Von Anfang an wollte ich da mithelfen, wo es nötig war, und habe mich immer als eine Art »Bruder für alles« verstanden, der da zupackt, wo es notwendig ist, ganz gleich, ob etwas zu organisieren war oder ob es das Klo zu putzen galt.

Christsein kann teuer werden – spannend ist es allemal

Ich bin gespannt, wie das weitergeht. Denn wir bieten ja keine Karrieren an, sondern im Gegenteil oft Erlebnisse, die vor allem von jungen Menschen schwer zu verkraften sind. Aber ich denke, wenn ich Christ bin, muß ich damit rechnen, daß ich gekreuzigt werde. So hat es William Booth einmal ausgedrückt. Doch auch wenn es diese Tötungsart in unseren Breiten nicht mehr gibt, meine ich, daß Christsein immer etwas schwerer wird. Jesus Christus sagt: »Mein Joch ist sanft. Ich helfe dir in diesen Schwierigkeiten tragen.« Deswegen finde ich es gar nicht schlecht, wenn junge Leute sehen: Christsein kostet etwas. Es kostet mein Leben. Es kostet mein Engagement. Es kostet meine Hingabe.

Deswegen denke ich, daß die Schwierigkeiten, die unsere jungen Leute hier erleben, eher einen Reifungsprozeß begünstigen, als daß sie sich negativ auswirken.

Wenn Menschen, die jahrelang trocken waren, plötzlich wieder rückfällig werden; oder wenn ein lieber Mitchrist, der uns drei, vier Jahre große Freude auch als Mitarbeiter gemacht hat, wieder Heroin drückt, dann sind das schlimme Dinge; aber passiert mir nicht Ähnliches?

Nicht in gleicher Form, nein. Aber seit ich denken kann, habe ich Schwierigkeiten mit dem Essen. Ich esse viel zu gerne. Und wenn ich mir vornehme, mich einzuschränken, dann gibt es auch Rückfälle, so daß ich den Suchtgefährdeten viel besser aus eigener Erfahrung verstehen kann.

Unsere jungen Leute empfinden es ähnlich. So erleben wir, daß Gott Menschen verändert, aber daß in dieser Veränderung das Menschliche, das allzu Menschliche immer bleibt. Jemand, der sehr temperamentvoll war, muß durch seine Bekehrung nicht plötzlich ein Gemüt wie ein Kopfkissen bekommen, sondern er wird einfach temperamentvoll bleiben.

So führen wir die unerfahrenen jungen Leute an die Arbeit heran. Wir helfen ihnen, im Gegenüber – wie er, sie, es auch sei – Gottes Ebenbild zu entdecken. Das ist wichtiger als ein ganzer Packen von Erfahrungen, wichtiger zunächst auch als die Ausbildung, die bei weiterer Mitarbeit aber folgen muß. Ich muß immer wieder daran denken, wie die damaligen Heilsarmeeoffizierinnen, die die Arbeit hier auf St. Pauli leiteten, mich als Neunzehnjährigen ohne irgendwelche Erfahrungen in die Arbeit einführten. Sie haben mir einerseits freie Hand gelassen – was es mir nicht nur leichter machte –; gleichzeitig aber zeigten sie mir, wie die Heilsarmee arbeitet, und in diesem Stil möchte ich auch junge Leute anleiten – nach dem Motto: Learning by doing.

Eine wichtige Aufgabe ist die Freiversammlung. Zunächst helfen da alle ganz praktisch mit. Die jungen Mitarbeiter werden dann von mir interviewt, sie werden gefragt, warum sie Christ sind, warum sie ausgerechnet hier mitmachen, und was es für sie heißt, Jesus nachzufolgen. Wir stellen immer sehr direkte und persönliche Fragen, um fromme Phrasen zu vermeiden. Diese jungen Christen bekennen dann fröhlich ihren Glauben.

Sie kochen auch Donnerstag abends den Kaffee in der Coffeebar, wo von 21.00 bis 23.00 Uhr die Menschen aus den unterschiedlichsten Richtungen kommen, auch Prostituierte, Zuhälter, Stadtstreicher, Touristen, und wo diese Leute erleben, daß wir für sie da sein möchten.

Bei alledem habe ich die Erfahrung gemacht, daß die Mitarbeiter, die vom Lande kommen, am besten nach St. Pauli passen. Wer vom Elend hier am wenigsten weiß oder sich nicht beeindrucken läßt, den kann Gott eigentlich am besten gebrauchen. Hätte ich am Anfang gewußt, daß der erste Mann, mit dem ich gebetet habe, homosexuell war – ich hätte ungeheure Angst davor gehabt. So betete ich mit ihm, und alles andere ergab sich dann von selber. Nach einiger Zeit erst hat er sich mir offenbart, und nun konnte ich lernen, damit umzugehen.

Wenn ich gewußt hätte, daß der erste Mann, den ich zu baden hatte, 40 Jahre Gefängnis hinter sich hatte, und wenn ich geahnt hätte, als ich ins Badezimmer ging, was da auf mich zukam, ich hätte mich gar nicht getraut.

Ich denke, daß man vieles einfach so tun muß, weil Jesus sagt: »Was ihr getan habt einem meiner geringsten Brüder, das habt ihr mir getan.« Wichtig ist auch, daß junge Christen ihre Gaben einsetzen können. Wer kreativ ist, der kann in St. Pauli Plakate malen und dabei gleich Leute von der Straße mit anleiten. Wir haben mit Töpfern ganz positive Erfahrungen gemacht, daß nämlich Stadtstreicher, die 30 Jahre lang mit ihren Händen nichts mehr gemacht haben, das plötzlich wieder können. Ich träume von einer Werkstatt gegen den Pennertod.

Es sind also genug Ideen da! Wer hilft, daß sie zu Taten werden?

Gefährdungen

Wir werden manchmal gefragt, ob wir nicht junge Menschen gefährden, wenn wir sie hier in Situationen hineinschliddern lassen, denen sie vielleicht gar nicht gewachsen sind. Möglich wäre es ja auch, daß da manche unbewußten Neigungen oder auch Wünsche angesprochen werden, mit denen der junge Mitarbeiter erst umzugehen lernen muß.

Die Gefahr besteht. Meine Frau und ich haben, als wir mit der Arbeit begannen, dem Herrn zwei Bitten vorgelegt: Die eine betraf unsere jungen Leute: daß er sie bewahre. Wir selber waren ja auch noch so jung. Ich wurde oft gefragt: Warum holst du keine älteren Leute nach St. Pauli. Die Antwort war einfach: Weil keine älteren gekommen sind. Nur wir wurden im Laufe der Zeit älter. Gott hatte uns als junge Menschen hierher gestellt. Wir hatten ebensowenig Erfahrung wie die jungen Leute, die Gott uns zur Mitarbeit schickte. Deshalb beteten wir: »Bitte, sorge du dafür, daß unsere jungen Leute keinen Schaden erleiden!« Das hat Er bis heute treu getan.

Die andere Bitte betraf die Finanzen – wir machten Ihn selber dafür zuständig.

Ich denke, es gibt Gefahren, vor denen wir weder uns noch andere schützen können – entweder weil wir ihnen noch nie oder in bestimmten Situationen nicht begegnet sind, oder weil wir die individuelle Gefährdung des betreffenden Mitarbeiters noch nicht richtig einschätzen konnten.

Bisher arbeiteten mit uns etwa 175 junge Christen. Von ihnen hat keiner Schaden genommen. Das macht uns sehr froh. Sie sind nicht alle beim Herrn geblieben, aber die allermeisten doch, und wir haben erlebt, daß die diakonische Wohngemeinschaft und das gemeinsame Leben auch ein starker Halt und Schutz sind, und beides brauchen unsere Mitarbeiter. Sie werden nach St. Pauli nie allein, sondern immer zu zweit ausgesandt, wie Christus das auch getan hat. In der diakonischen Wohngemeinschaft können dann die Erlebnisse des Tages aufgearbeitet werden.

Hier erleben wir auch geistliches Kollektiv. Denn wir beginnen den Tag mit Gebet, und wir schließen mit Gebet.

So leben wir

Der Tagesablauf sieht etwa so aus: Um halb sieben wird mit einem geistlichen Lied geweckt. Dann hat jeder seine persönliche Stille Zeit, bevor er um acht Uhr frühstückt. Um halb neun kommen wir zu einer Zeit der Anbetung und zur Bibelarbeit bis etwa Viertel nach neun zusammen. Dann wird der Tag eingeteilt mit den unterschiedlichsten Aufgaben:

Dienstags geht es nach St. Pauli zur Kleiderausgabe, abends zum Chorüben oder zum Jugendclub, Jwd genannt (Sie können sich raussuchen: **J**ugend**w**ohnung **d**ritter Stock, **J**esus **w**ill **d**ich oder **J**anz **w**ilder **D**raufgänger). Wir erleben dort, daß junge Menschen zum Glauben finden, die von Christus keine Ahnung haben.

Mittwoch ist unser Studientag, an dem wir uns vormittags in Gesprächsführung und Bibelarbeit schulen lassen. Der Nachmittag gehört unserer Gemeinschaft. Hier wird all das besprochen, was man in einer Wohngemeinschaft mit jungen Leuten besprechen muß. Es sind ja etwa 25 junge Menschen im Haus, dazu kommen noch meine Frau und ich, die drei Kinder und auch eine Oma. Außerdem sind hin und wieder Gäste hier, so daß das gemeinsame Leben auch bewältigt sein will. Zu alledem brauchen wir das gemeinsame Gespräch und das Gebet sehr.

Der Donnerstag ist der »vollste« Tag: Morgens wird hier gemeinsam geputzt, nachmittags ist in St. Pauli Kleiderausgabe für Frauen, anschließend Freiversammlung, Bibelstunde, Coffeebar – wir kommen am Freitag morgen erst um halb eins nach Hause. Wir sind dann immer hundemü-

Die Türen stehen offen

de, freuen uns aber jedesmal wieder auf den Donnerstag, weil er auch die Coffeebar im Programm hat.

Die Coffeebar ist eine lockere missionarische Veranstaltung bei Kerzenschein, mit Musik und Verkündigung, wie Constantin Pauli vom Deutschen Fernsehen sagte: »Der Herr ist spürbar da, aber er stört nicht.« Ich habe mich über die Formulierung sehr gefreut, wenngleich ich weiß, daß sie nicht stimmt, denn wenn Christus einen Menschen aufstöbert, dann stört er ganz gewaltig: Er verändert das Leben.

In der Coffeebar möchten wir, daß Menschen, die mit der Kirche »nichts mehr am Hut« haben, sich wieder wohlfühlen können, wenn sie ein Wort Gottes und ein Zeugnis hören. Die Coffeebar hat viele Möglichkeiten auch für persönliches Gespräch. Aber am Schluß steht dann eine massive evangelistische Botschaft.

Freitags ist unsere Tagesstätte geöffnet, eine Art Offene Tür für Erwachsene, wo Brettspiele bereitstehen, Gelegen-

Suppe – Seife – Seelenheil: die alte Heilsarmee-Losung

heit zum Lesen, Sprechen ist, und wo eine evangelistische Andacht gehalten wird. Anschließend findet unser Freitagstreff statt, eine Gruppenstunde nach urmethodischem Vorbild: Gemeinsames Lesen in der Bibel, Gespräche über Möglichkeiten günstigen Einkaufs, des Austausches von alkoholfreien Rezepten u.ä. gehören dazu. Aber auch das gemeinsame Beten und das Aufeinanderhören, miteinander Sprechen und sich Korrigieren. Abends ist dann die Bibelstunde des Heilsarmeekorps, in der man auch einige unserer Gäste treffen kann.

Am Samstag vormittag singen wir im Einkaufszentrum, und der Nachmittag gehört der Vorbereitung für den Sonntag, denn sonntags sind die unterschiedlichsten Gottesdienste zu gestalten. Am Nachmittag um halb vier ist offenes Kaffeetrinken. Der Montag ist der freie Tag, auf den sich alle freuen.

Zivildienstleistende und die Mitglieder der Hausgemeinschaft müssen natürlich wiedergeborene Jünger Jesu sein und die Regeln der Heilsarmee ausdrücklich akzeptieren. Sie sollen ihren Glauben an Gott den Vater, an Gott den Sohn, an den Heiligen Geist bekennen und bereit sein, auf Alkohol und Nikotin zu verzichten und sich zum Gehorsam verpflichten. Das genügt. Da haben dann die Christen, die aus der lutherischen Tradition kommen, ebenso Platz wie Leute aus der Brüderbewegung, die hier erleben, daß sie in Christus wirklich eins sind.

Die Neubekehrten

Am Anfang haben wir es wie William Booth gemacht, der zu seinen Neubekehrten gesagt hat: »Geht in die Gemeinden, aus denen ihr kommt!«

Das klappt immer dort, wo es eine gewisse gemeindebezogene Gemeinschaft gibt. Wir haben immer wieder Touristen, die in St. Pauli zum Glauben kommen, weil sie Hamburg besucht haben, und in ihren Gemeinden, z.B. in Süddeutschland, durchaus ihren Glauben dann auch leben können. Aber in der Regel sind es Menschen, die keine Ahnung vom Glauben hatten, weil sie nie in einer Kirche waren. Wenn diese Leute in St. Pauli bleiben wollen, dann führen wir sie sehr bewußt in die Gemeinde der Heilsarmee, weil wir denken, daß sich die Heilsarmee für Menschen ohne kirchlichen Hintergrund gut eignet. Hier können sich Leute, die Christus liebgewonnen haben, einfach weiter entfalten, und die Arbeit der Heilsarmee ist so einfach, daß sie alle mithelfen können. William Booth hat immer großen Wert darauf gelegt, daß Leute, die zum Glauben kamen, auch etwas zu tun bekommen. Und Kaffeetassen abtrocknen und den Tisch decken, und all diese Dinge können diese Leute sehr gut zur Ehre Gottes tun, und sie tun es gerne, bis sie dann für weitere Arbeiten herangereift sind.

Die biblische Fundierung erhalten sie in den genannten Neubekehrtenkreisen und in den Bibelstunden, auf die wir zunehmend großen Wert legen. Wir haben anfangs nicht gedacht, daß wir in St. Pauli Gemeinde bauen. Ich hatte es auch zehn Jahre lang nicht erlebt, daß Menschen, die zum Glauben kamen, geblieben sind. Aber in den letzten vier bis fünf Jahren sind es doch eine ganze Menge, vorwiegend junge Leute, die zum Glauben kamen und bei uns blieben. Wir sind froh, daß Gott uns das geschenkt hat.

Ein Journalist, der vor wenigen Wochen zum Glauben kam, beschreibt seine Veränderung so:

»Das Bild sehe ich völlig klar vor mir. Es ist ein autobiographisches Bild. Aber keine Szene, die sich in der Realität so abgespielt hat. Vielmehr die Zusammenfassung der entscheidendsten sechs Wochen meines Lebens in einer konstruierten Szene, irgendwo zwischen Foto-Realismus und naiver Malerei. In meiner Glanzzeit als Gymnasiast war ich anerkannter Experte in sogenannten Bildbeschreibungen.

Die Szenerie, quasi das Bühnenbild, dürfte jedem Hamburger, jedem Bewohner irgendeiner Hafenstadt vertraut sein. Man sieht einen Hafen, komplett mit Kais, Kränen, Docks, Lagerhallen, Barkassen und ... halt alles, was zu so einem Hafen gehört. Im Mittelpunkt des Bildes steht ein dickbäuchiger Frachter, voll beladen mit Kisten und Containern. Zwei Hafenschlepper, beide mit dem Zeichen ihrer Reederei auf dem Schornstein, bugsieren gerade den Frachter, der etwas mitgenommen aussieht, an den vorgesehenen Landeplatz. Festmacher stehen bereit, Kräne warten darauf, den Kahn zu entladen, die neue Ladung steht schon in der Halle.

Ein Bild wie zigtausend andere. In jeder Hafenstadt kann man ähnliche Kunstwerke erstehen. Als Billigdruck für 'nen Zehner oder als Ölschinken komplett mit schwulstigem Rahmen für ein paar Hunderter. Und trotzdem, wenn ich diese Szene irgendwo auf die Leinwand bringen könnte, wäre es ein ganz einmaliges Bild. Eines, das ich für keinen Preis in der Welt abgeben würde. Warum, das werden Sie gleich besser verstehen können.

Schauen wir uns die Details des Bildes noch genauer an. Da ist dieses Frachtschiff. 25 Jahre lang war es verschollen. Und entsprechend ramponiert sieht der Kahn auch aus. Von Farbe und Lack keine Spur mehr. Dafür Rostfraß, wohin man blickt. Zahlreiche Stürme haben ihre Spuren hinterlassen. Radar und Navigationshilfen hängen abgeknickt an ihren Befestigungen oder sind ganz verschwunden. Kurz, der ganze Kahn macht einen mehr als traurigen Eindruck. Man muß schon ganz genau hinsehen, um die abgeblätterte Beschriftung am Heck noch lesen zu können. Reinhard heißt der Frachter, aber den Heimathafen kann beim besten Willen kein Mensch mehr entziffern.

An Bord dieses Seelenverkäufers stapeln sich wild durcheinander Kisten und Container der verschiedensten Größen. Die Aufschriften lassen den Inhalt ahnen. *Lüge* steht auf einer der Kisten, eine andere enthält offensichtlich *Drogen*. Wieder andere Kisten enthalten *Menschenverachtung*, *Neid*, *Rachsucht*, *Gottesferne* und, und, und... Mit einem Wort, eine teuflische Fracht, die der Kahn auf seiner langen Irrfahrt an Bord genommen hat.

Die Kaianlage mit dem vorgesehenen Landeplatz erstrahlt im hellsten Licht. Alle Vorbereitungen sind getroffen, die gefährliche Ladung von Bord zu holen und zu vernichten. Neue Container mit sehr viel erfreulicherem Inhalt warten darauf, an Bord gehievt zu werden.

Liebe, Hilfsbereitschaft, Demut, Glaube, das sind die Güter, mit denen der Frachter für die Rückfahrt in den Heimathafen ausgerüstet werden soll. Parallel dazu wird das Schiff auf Vordermann gebracht. Neue Farbe, frische Deckplanken, eine komplette Renovierung. Im Hintergrund schleppen Arbeiter bereits die Schablone heran, mit der das Zeichen der künftigen Reederei am Schornstein des Frachters angebracht werden soll. Dasselbe Zeichen übrigens, das die beiden Hafenschlepper tragen, die den ramponierten Kahn an den Kai herangebugsiert haben. Neugierige finden dieses Zeichen auch in der Talstraße 13 im Hamburger Stadtteil St. Pauli. Aber sie finden es auch in London und Amsterdam, auf Sri Lanka und in Chile. Und überall stehen die Schlepper dieser Reederei bereit, Havaristen wieder in den sicheren Hafen zu geleiten. SOS genügt.«

Kaputte Leute können heil werden

Ich war ein Jahr lang als Sozialarbeiter beim Staat angestellt und habe schon damals in St. Pauli gearbeitet. Aber das Problem dieser staatlichen Einrichtung war, daß die Leute nicht kamen. Man sah in dem Sozialarbeiter den verlängerten Arm der Polizei. Zu der geht man nicht.

In meinen Augen ist es ein großer Erfolg, daß in unsere Beratungsstelle der Heilsarmee pro Woche 500 Leute kommen, von denen sehr viele »viel Dreck am Stecken haben«. Diese große Anzahl unserer Besucher ist für mich die Resonanz, die beweist, daß unsere Sozialarbeit nötig und möglich ist. Einige dieser Besucher suchen ein seelsorgerliches Gespräch, und andere, so etwa bis zu 30 pro Woche, ein sozialpädagogisches. Diesen Menschen unsere fachliche und christliche Zuwendung zu geben, ist uns ein großer Auftrag. Schon allein dies würde mir genügen, um die Arbeit in St. Pauli als sinnvoll zu empfinden.

Es geht aber weiter.

Wir können von diesen Menschen zur Ehre Gottes sagen: Es vergeht keine Woche, in der sich nicht einer bekehrt. Natürlich stellt sich da sofort die Frage: Bleiben sie alle? Nein, sie bleiben nicht alle. Aber wir haben einen guten Überblick und stellen fest, daß die allermeisten durchhalten. Männer und Frauen, die vor fünf Jahren noch auf der Straße lagen, sind heute wertvolle Mitarbeiter.

Während eines von uns gestalteten Fernsehgottesdienstes gab ein junger Mann sein Zeugnis, der fünf Jahre als Stadtstreicher auf der Straße lebte. Als wir ihn kennenlernten, war er völlig fertig. Er kam in unsere Coffeebar – immer betrunken! Er kam etwa ein Jahr lang, doch dann, bei einer Evangelisation mit Friedhold Vogel, geht er nach vorne und sagt laut und vernehmlich:

»Schlechter, als es mir jetzt ohne Jesus geht, kann es mir mit Jesus auch nicht mehr gehen« – und bekehrt sich.

Der junge Mann, der auch therapeutische Hilfen erhalten hat, war eine Zeitlang hauptamtlicher Mitarbeiter in der Heilsarmee. Inzwischen ließ er sich für die EDV umschulen. Er ist ein ganz wertvoller Mitarbeiter, über dessen Leben wir einfach sehr froh sind. Er hat sich viel mit der Bibel beschäftigt, geht seinem Beruf nach und hat seine Vergangenheit weitgehend bewältigt. Er hat geheiratet, und das Schönste hörten wir von seiner Mutter. Sie sagte mir vor einigen Wochen:

»Ich beginne wieder froh zu sein, daß ich dieses Kind geboren habe. Viele Jahre lang konnte ich das nicht.«

Das sind Erfolge, die wir nicht uns selber zuschreiben; wir müssen einfach feststellen: Wenn Jesus sagt, daß er gestorben ist, damit Menschen neu werden, dann muß das auch zu erleben sein, und ich will es erleben, und andere sollen es erfahren.

Dabei sind wir nicht auf bestimmte Methoden festgelegt. In der Regel vermitteln wir Entziehungskuren, aber wir haben es immer und immer wieder erlebt, daß es Fälle gibt, wo sich schlagartig alles ändert.

Ich will das nicht zur Regel machen, aber ich glaube daran, daß unser lebendiger Gott heilt. Ich glaube daran, daß, wenn Jesus Christus den Jüngern gesagt hat: »Geht hin und heilt...«, er sie nicht ohne die Kraft zu heilen gehen ließ. Und ich glaube, daß es gerade im Bereich des Alkoholismus möglich ist, aus Seiner Kraft geheilt zu werden. Wobei wir die fachlichen Dinge, also auch die sozialpädagogische, psychologische, medizinische Ausbildung nicht unterschätzen wollen.

Aber Gottes Eingreifen ist souveräner. Wir haben das neulich erlebt, als unsere Ärztin vor einem Fall stand und sagte: »Da können wir nur noch beten.« Gott tat dann wirklich ein Wunder, und die Medizinerin sagte: »Ich weiß bis heute nicht, was ich davon halten soll.«

Wir glauben daran, daß beides – Heilen und Nichtheilen – in Gottes Hand liegt.

St. Pauli lebt gefährlich – eine Hochschule Gottes?

Obwohl wir nun schon seit einer ganzen Reihe von Jahren in dieser Arbeit stehen, habe ich mich noch nie nach einer anderen Arbeit gesehnt. Ich denke, das hängt mit meinem Vater zusammen.

Er gab mir, als er hörte, daß ich in St. Pauli arbeitete und gerade erst vierzehn Tage hier war, eine Bibelstelle. Es war Hiob 31,3, wo es heißt: »Ich habe einen Bund mit meinen Augen gemacht...«

Ich habe im Laufe der Zeit gelernt, St. Pauli als Herausforderung anzunehmen, ohne mich damit zu belasten. Das heißt, wenn ich z.B. von einer Prostituierten, von einem AIDS-Kranken spreche, weiß ich, daß sie oder er ein Geschöpf Gottes ist, und dieses Wissen, daß er Gottes Ebenbild trägt und eine unsterbliche Seele ist, macht es mir leicht, ihn lieb zu haben und St. Pauli verändern zu wollen. Ich will den einzelnen Menschen lieben, etwa in dem Sinn, wie es die Väter sagten: die Sünde hassen und die Sünder lieben.

Dabei komme ich mir bis zu dem heutigen Tage nicht einmal schizophren vor. Ich warte manchmal fast darauf, daß ich mir selbst leid tue und versucht bin, mich mit angenehmeren Dingen zu beschäftigen.

Aber bis jetzt ist da noch nichts geschehen. Vielleicht, weil die Arbeit in St. Pauli in allem meinen Hobbys entspricht: Es gibt nichts, was ich lieber tue, als predigen. Es gibt nichts, was ich lieber tue, als mich mit Menschen zu beschäftigen. Ich kann alle meine Gaben in St. Pauli einsetzen, auch meine berufliche Ausbildung, denn ich bin leidenschaftlich gern Sozialarbeiter. Auch mein Theologe-Sein paßt gut hierhin, und ich denke manchmal: Wenn unsere Brüder auf den Kanzeln auch gelernt hätten, auf der Straße zu predigen, wären ihre Kirchen nicht so leer.

Ich denke mit Schrecken an die neuen Massenmedien. Wie wollen wir denn mit diesen Medien umgehen, wenn wir die alten Medien überhaupt nicht beherrschen bzw. beherrschen wollen? Es regt mich so auf, wenn ich die Kollegen sagen höre: »Ich muß unbedingt im Fernsehen predigen!« Wenn ich ihnen dann anbiete: »Halte doch mal eine Straßenpredigt!«, wollen sie das nicht hören.

Oder jene anderen preisgünstigen Medien, die wir haben: unsere Schaukästen. Wie schlimm sehen viele aus! Die Gemeindebriefe! Es ist kein Wunder, wenn angesichts solcher Visitenkarten auch das Zutrauen der Medien fehlt, daß wir unsere gute Sache dort gut vertreten.

Manchen gutwilligen St. Pauli-Verbesserer überkam eines Tages das Gefühl, in einer Kloake herumzurühren. Das kann tief deprimieren und eines Tages dazu führen, daß man aufgibt.

Ich erwartete ein solches Gefühl seit meinem ersten Tag hier. Ich habe es nie gehabt. Ich erwartete es nach dem Studium, weil es immer hieß, nach fünf Jahren Arbeit in einem solchen Gebiet müsse man es verlassen, man halte nicht durch. Doch Gott gab mir eine Frau, die mir sehr hilft, die Depressiönchen und die traurigen Anfälle, die gelegentlich da sind, schnell in Freude umzuwandeln.

Ja, die Familie!

Da ist aber auch die Erfahrung, daß Gott mehr, viel mehr Positives geschenkt hat als irgend etwas Negatives.

Vor einigen Jahren wollten mich die Angehörigen eines Rauschgiftrings ermorden. Das war sehr gut eingefädelt. Es gab wiederholt Anrufe. Meine Frau bekam das mit. Am Ende auch unsere Kinder. Wir haben dann viel miteinander gebetet, und ich lebe immer noch. Das sind Erfahrungen von Gottes Hilfe, die mehr ermutigen, als daß sie Angst einflößen. Es ging damals so weit, daß einer meiner Freunde von der Polizei sagte:

»Wir haben von dieser Morddrohung gehört. Seit einem halben Jahr umgeben wir Sie mit Personenschutz; wir wollten nicht, daß Sie es merken, haben dabei aber festgestellt, daß man Sie in St. Pauli sehr viel mehr liebt als haßt.«

Ich bin für solche Erfahrungen dankbar. Denn ich habe den Eindruck: Es gibt hier in St. Pauli noch viel zu tun. Packen wir es an!

Das Heil kommt aus Zion

Ich verdiente mir meine Ausbildung im Rauhen Haus, in dem ich einige Jahre als Gruppenerzieher im Kinderheim arbeitete. In der Gruppe der 6- bis 9jährigen war ich am liebsten. Eines Tages war unser Peter ins Krankenhaus gekommen, und ich sollte ihn im israelitischen Krankenhaus besuchen. Noch nie in meinem Leben war ich in einem jüdischen Krankenhaus gewesen, und so war ich sehr gespannt.

Es war um die Weihnachtszeit. Vor dem Krankenhaus stand ein großer Weihnachtsbaum, darüber war ich ein bißchen erstaunt, und auch sonst hatte ich im Krankenhaus nicht das Empfinden, in einer jüdischen Gemeinschaft zu sein. Einige Male ging ich dort hin, auch an einem Sonntag, als ich anschließend Dienst in St. Pauli hatte. Dann natürlich in Uniform.

Einige Leute guckten, am Eingang die Pförtnerin lächelte mir freundlich zu. Ich war darüber erstaunt und ein wenig überrascht, und als ich das Haus verließ, rief sie mich an:

»Hallo, Sie, Herr von der Heilsarmee, bleiben Sie bitte noch einen Augenblick da, unser Chef möchte Sie sprechen.«

Ich war darüber recht erstaunt und dachte: Dem Peter geht es doch wieder erheblich besser, und gerade sagte mir die Stationsschwester, daß er übermorgen entlassen wird, was will da wohl der Chefarzt von mir? Nun, ich dachte, es hänge wohl mit Peter zusammen, und ging hinter der Frau her. Sie führte mich in das Arbeitszimmer des Arztes. Es war das Zimmer eines jüdischen Gelehrten – wie aus einem Bilderbuch! Alte historische Schriften, Thoraauslegungen standen neben hochmodernen medizinischen Werken. Da ich Bücher liebe, registrierte ich das zuerst. Erstaunt war ich aber, wie freundlich der Professor auf mich zukam. Geradezu vertraut drückte er mir die Hand, und es fehlte nicht viel, er hätte mich in den Arm genommen.

»Shalom«, sagte ich.

Freudestrahlend sagte er: »Ja, ihre Organisation hat mir geholfen, Frieden zu finden.« Er bot mir einen Sessel an und fragte mich, ob ich das alte, jüdische Krankenhaus am Ende der Talstraße kennen würde. Als ich dies bestätigte, erzählte er, daß er als junger Arzt dort tätig war. »Es war eine schlimme Zeit, und die einzigen, die uns auch kurz vor der Schließung des Krankenhauses noch liebten, waren die Leute von der Heilsarmee. Nicht ganz so schlimm verfolgt wie wir, aber auch ganz schön fertig gemacht.« Er nannte Namen, die ich nie gehört hatte, erzählte von anderen, die mir sehr vertraut waren, und dann sagte er fast beglückt: »Überlebt habe ich in einem Kachelofen in ihrem beschlagnahmten Saal.« Ich starrte ihn ungläubig an und ließ mir berichten:

Seit Anfang 1940 hatte die Gestapo den Versammlungssaal der Heilsarmee geschlossen und als Lagerraum für Öfen verwendet. In den kleinen Räumen dahinter konnte immer noch Versammlung gehalten werden, aber unter ganz schweren Verhältnissen. Ein damaliger Heilsarmeeoffizier verhalf dem jüdischen Professor nach Skandinavien und versteckte ihn vorher einige Tage im beschlagnahmten Saal im Kachelofen. Feucht wurden die Augen meines Gegenübers, als er tiefbewegt sagte:

»Unzählige meines Volkes endeten in den Öfen der Nazischergen; ich wurde in einem Ofen der Heilsarmee gerettet. Und wissen Sie«, sagte er, »am tiefsten hat mich der Glaube dieser Leute beeindruckt. Sie liebten mich, obwohl ich Jude war – oder, wie es damals ein alter Offizier ausdrückte: weil das Heil aus Zion kommt.«

Dieses Gespräch hat mich tief bewegt. Ich freute mich über den Mut jener Christen und über das Bekenntnis dieses Geretteten. Leider ist der Mann dann bald danach nach Israel gezogen und dort verstorben; aber die Begegnung mit ihm und sein frohmachendes Zeugnis über die Liebe der damaligen Heilssoldaten machen mich heute noch froh. Bestätigt wurde diese Geschichte, als wir das Haus in der Talstraße umbauten und Räume fanden, in denen ebenfalls Menschen aus der Zeit des Naziterrors versteckt und geborgen wurden. Interessant war für mich, daß die Heilsarmee anders als andere Organisationen über diese Geschehnisse nicht lautstark geredet hat, sondern es fast für eine Selbstverständlichkeit hielt, daß ihre Soldaten so handelten.

Jeder hat einen Sparren frei, wer's nicht glaubt, hat ihrer zwei

Mit dieser Aussage komme ich bei den Leuten hier gut zurecht.

Da gab es zum Beispiel eine Prostituierte, die Woche für Woche in unsere Gottesdienste kam. Eines Tages kniete sie auf der Bußbank. Sie wollte frei werden. Aber es ging nicht. Sie war einfach zu stark an ihren Zuhälter gebunden.

Wir wußten nicht, wie wir ihr helfen konnten. Ich hatte für das Gericht mein erstes Gutachten über diese Frau zu schreiben. Ich war ganz stolz. Ich sehe mich noch an meiner alten Schreibmaschine »Dankmar Fischer, Soz. päd. theol.« schreiben. Aber dann kam ich gar nicht mehr dazu, das Gutachten vorzulegen. In der Verhandlung steht der angeklagte Zuhälter auf und sagt:

»Mareika, ich bin doch nicht dein Lullu, ich bin doch dein Freund!«

Sie springt auf, fällt ihm in die Arme. Sie küssen sich. Der Richter sagt: »Die Verhandlung ist geschlossen.«

Als ich wie ein begossener Pudel den Saal verlasse, lächelt mich der Staatsanwalt an:

»Junger Freund«, sagt er, »so fingen sie hier alle einmal an.«

Ich hatte also »ihrer zwei« und würde nach Meinung des Staatsanwalts mit der Zeit sicher »normal« werden. Er hatte Hoffnung für mich.

Aber die Frau kam nach einem Jahr wieder. Ich war entsetzt und wollte mit ihr nichts mehr zu tun haben. Doch dann begriff ich, daß Hörigkeit etwas anderes ist als Alkoholismus und anders bekämpft werden muß, als ich es bisher versucht hatte.

Sie hatte mir von ihren beiden Kindern erzählt, die in einem Heim untergebracht waren. Sie hatte keinen Kontakt zu ihnen. Ich versuchte vorsichtig, eine Verbindung zwischen der Frau und ihren Kindern herzustellen. Ich suchte nach einer Einrichtung in der Schweiz. Die nahm mir die Kinder dann ab und später auch die Mutter. Es war sehr schwierig, die Hamburger Behörde zu überzeugen, daß ein solches Experiment funktioniert. Das ist jetzt siebzehn Jahre her: Die Frau lebt heute mit ihren Kindern in der Schweiz und ist Mitarbeiterin in einem christlichen Therapie-Zentrum. Irgendwann zu Weihnachten schrieben mir die Kinder. Sie seien ja so froh, daß ich damals geholfen hätte – die Mutter hatte ihnen gerade die Geschichte erzählt.

Gott will, daß Menschen, die wir als Ruinen erleben, durch ihn geheilt werden. Diese Heilungserfahrungen machen dann sehr froh.

Eine Zwölfjährige erlebte, daß ihre Mutter, eine Prostituierte, an einer Geschlechtskrankheit starb. Die Tochter kam in ein Heim. Sie wußte noch, daß ich mit ihrer Mutter Kontakt gehabt hatte und besuchte mich eines Tages.

»Sag mal«, fing sie an, »ich würde so gerne Eltern haben.«

Ich sprach mit der Heimleitung. An eine Adoption war nicht mehr zu denken, das Kind war dazu mittlerweile zu alt.

Bei einer meiner Evangelisationen sagte mir ein kinderloses Ehepaar, sie würden eigentlich ein Kind suchen. Sie könnten adoptionsmäßig wohl nichts mehr erreichen; aber sie meinten, sie könnten einem Kind noch etwas sein, ihm helfen, ihm ein Zuhause geben. Was dieses Paar sagte, weckte in mir Vertrauen. Ich spreche mit dem örtlichen Jugendamt. Ich spreche mit dem Jugendamt in Hamburg. Dieses zwölfjährige Mädchen zog damals zu diesen Leuten. Sie ist jetzt 24. Vor einem halben Jahr habe ich sie getraut, und wir sind einfach froh, daß hier Verbindungen geschaffen wurden. Soweit wir sehen können, hat sie keinerlei Heimkinderallüren.

Das sind Geschenke, die Gott macht.

Gottes Hände halten fest

Natürlich gibt es auch das andere: Ein Mann, für den ich jahrelang gebetet hatte, der »trocken« wurde, frei vom Alkohol, fiel wieder zurück. Solche Erlebnisse gehören dazu, obwohl ich nicht aufhören werde, für diesen Mann zu beten und zu hoffen. Ich vertraue, daß Gott nichts aus Seinen Händen verliert. Und weil wir täglich ganz St. Pauli in Seine Hände legen, ist für Resignation wenig Raum.

So kommen auch die jungen Mitarbeiter mit negativen Erlebnissen zurecht. Sie erleben es hier viel häufiger als in ihrer »normalen« Ortsgemeinde, die so normal eben nicht ist, daß Menschen zum lebendigen Glauben kommen.

Es ist ja ganz unbiblisch, wenn sich in der Ortsgemeinde niemand oder nur ganz selten jemand bekehrt. Wenn ich die Apostelgeschichte betrachte, diesen Krimi des Neuen Testaments, dann sehe ich, daß es das Normalste war, daß Menschen zum Glauben kommen. Und ich frage mich heute oft: Warum ist das bei uns nicht mehr so? Ich denke an Erweckungsgebiete, wo das geschieht. Ich meine, daß eines unserer Probleme in Deutschland die fehlende Treue ist. Von unseren jungen Mitarbeitern hier wird ein gewisses Maß an Treue gefordert. Sie haben alle eine qualifizierte Ausbildung oder das Abitur, bekommen aber nur 150

DM Taschengeld im Monat. Sie könnten zum größten Teil gute Wohnungen haben, leben hier aber in kleinen Doppelzimmern. Sie müssen also etwas opfern, und ich denke, dieses Opfern hilft ihnen, auch über die Resignation hinwegzukommen.

Eine Ehemalige schrieb: »Die Zeit im Team hat mir geholfen zu sehen, daß es anderen viel schlechter geht als mir.« Damit war sie von ihrer Unzufriedenheit geheilt.

Zu solcher Heilung gehört als wichtige Hilfe die persönliche Seelsorge, das ständige Gespräch, und wenn ich irgendwo zur Resignation neige, dann bei dem Gedanken, daß meine Zeit nicht reicht, den Mitarbeitern intensiver zu helfen. Sie wollen alle ein Gespräch. Aber wenn ich für jeden pro Woche auch nur eine Stunde reservierte, brauchte ich zwei Tage und Nächte, und sieben Tage hat die Woche nur!

Deshalb richtete ich konzentrierte Schulungszeiten ein. So löst ein Grundkurs in Seelsorge manches Problem von selbst – man spricht sachbezogen über Problemlösungen, die sich dann ohne viel Lärm und Zeitaufwand fürs eigene Problem anwenden lassen.

Wir haben mittwochs unseren Schulungstag für die Wohngemeinschaft, alle 4 Wochen samstags den Schulungstag für die ehrenamtlichen und hauptamtlichen Mitarbeiter. In den Hamburger Gemeinden sind etwa zehn Mitarbeiter, von denen die meisten bei uns zum Glauben gekommen sind. Mit ihnen üben wir das seelsorgerliche Gespräch, sprechen über die »Vier geistlichen Gesetze«, machen ganz positive Erfahrungen mit neuerem Studienmaterial von »Campus für Christus« und erleben, daß die jungen Leute auch lernen, mit ihrer Bibel zu arbeiten. Hinzu kommt, daß wir unsere Mitarbeiter zu Schulungsseminaren schicken. Wer länger hier ist, macht die Kurzbibelschule in Frankenberg mit. Wir sind froh, daß die meisten am Bibelstudium sehr interessiert sind.

Ein Teil des Teams vor dem geschenkten Haus

Besuch beim Senator

Eines meiner beeindruckendsten Erlebnisse war der Besuch unseres Kommandeurs der Heilsarmee bei dem Sozialsenator. Er wollte der Heilsarmee helfen, ein Haus für Obdachlose in Großborstel zu bauen, unser jetziges Jakob-Junker-Haus. Der Leiter der Heilsarmee war Finne, sein Stellvertreter Engländer, und ich sollte dabei sein.

Ich bin sehr ängstlich zu diesem Gespräch gegangen. Doch es war sehr harmonisch. Der Senator war freundlich, und meine beiden Brüder haben so gut Deutsch sprechen können, daß er sie verstanden hat. Zwischendurch mußte ich übersetzen. Am Schluß – der Senator erhob sich, um uns zu verabschieden – sagte der Kommandeur:

»Wir müssen noch beten.« Ich bekomme ein bißchen Angst, übersetze es aber dem Senator. Der nickt. Ich will ganz schnell meine Hände falten und beten, aber da sehe ich, wie der Kommandeur auf seine Knie fällt und sein Stellvertreter auch. Da bleibt mir auch nichts anderes übrig, und ich sehe gerade noch, daß auch der Senator auf den Knien betet: Der Finne in Finnisch, der Engländer in Englisch, ich in Deutsch und gemeinsam das Vaterunser, das der Senator sehr laut mitbetet. Als wir aufstehen, hat der Senator Tränen in den Augen und sagt:

»Meine Herren, ich bin siebzehn Jahre in diesem Zimmer. Mit mir hat hier noch keiner gebetet. Ich danke Ihnen.«

Ich hatte diese Geschichte fast vergessen, denn der Senator war noch viele Jahre in Hamburg tätig. Als er pensioniert wurde, rief die Senatskanzlei bei uns an. Meine Frau war am Apparat: Sie möge mir sagen, man erwarte bei der Verabschiedung des Senators von mir eine Rede.

Als ich das hörte, war mir klar: Das konnte gar nicht sein; die meinten einen anderen Fischer! Fischer gibt es ja wie Sand am Meer. Außerdem saß im Diakonischen Werk ein Abteilungsleiter Fischer, der war bestimmt gemeint.

»Nein«, sagte sie, »ruf selbst mal an!«

Ich rufe an. Die Sekretärin sagt:

»Nein, es ist der ausdrückliche Wunsch des Senators, daß Sie sprechen!«

»Über was denn – was für ein Thema?«

»Ach, der Senator meint, Ihnen fällt schon etwas ein, was so die Freikirchen an Diakonie in Hamburg machen.«

Ich baue eine Rede über die freikirchliche Diakonie in Hamburg – eine Rede, die sogar meiner Frau gefällt, und dann gehen wir miteinander hin.

Als es Zeit wird, die Rede zu halten, sagt der Senator:

»Ich möchte Ihnen Pastor Fischer erst einmal vorstellen.« Und er erzählt die Geschichte von damals, als ich bei ihm war und wir mit ihm gebetet haben. Und dann sagt er, und mir fällt schier das Papier mit meiner Rede aus der Hand:

»Nun bitte ich den Pastor, daß er uns erklärt, warum er betet.«

Meine Rede verschwindet wieder in der Rocktasche. Ich spreche zehn Minuten über das Gebet, auch über das Vaterunser, und sage dann:

»Meine Herrschaften« – es war der damalige Bundeskanzler dabei, es waren Vertreter aller Parteien dabei – »meine Damen, meine Herren, jetzt habe ich über das Gebet geredet. Nun lade ich Sie ein, auch noch mit mir zu beten.«

Zu meiner Rechten saß der katholische Weihbischof, zu meiner Linken der lutherische Bischof. Alles erhebt sich, ich bete frei für den Senator, für den Senat, für die Stadt und das Land. Dann beten wir gemeinsam das Vaterunser, und als wir hinausgehen, bedankt sich der Bundeskanzler und sagt:

»So könnte es eigentlich bei allen unseren Abschiedsveranstaltungen sein.«

Ich werde das nie vergessen. Und was mir zuerst als ein großer Irrtum erschien, hat mir am Ende viel Freude gemacht.

Ich habe dann immer mal wieder mit den unterschiedlichsten Politikern reden können; sie halfen mir, wo sie konnten, und dann wieder konnte ich einige Verbindungen herstellen und erlebte es, wie sehr das Evangelium eine Hilfe ist. Das wissen auch die sogenannten Außenseiter der Gesellschaft, mit denen wir es ja so häufig zu tun haben.

Hamburg, Hafenstraße

Als wir 1987 einen Bekenntnismarsch machten, begleitete uns mal wieder die Polizei. Vor der Hafenstraße – wir haben zu den Leuten dort ein ganz unbelastetes Verhältnis – sagten die Polizisten:

»Ja, das machen Sie besser ohne uns.«

Das taten wir dann auch. Wir haben den Hausbesetzern ein Lied gesungen. Sie kennen uns ja, und so lud ich sie wieder in unsere Veranstaltungen ein. Wir bringen ihnen gelegentlich auch mal Suppe, wenn bei ihnen der Strom abgeschaltet ist. Wir möchten ihnen zeigen, daß sie für uns Menschen sind.

Als wir aus dem Gebiet heraus waren, befanden wir uns wieder im Geleitschutz der Polizei. Wir sind einfach froh, daß wir als Christen so zwischen den Fronten arbeiten können.

Mein erstes und stolzestes Erlebnis bei den Hausbesetzern hatte ich vor einigen Jahren, als ein Polizist mich anrief und sagte:

»Ich wurde gerade eben Arsch genannt.«

Er war völlig fertig. Ich sprach ihm Mut zu. Ich betete mit ihm, und als ich aufgelegt hatte, dachte ich: Das bringt jetzt nichts, ich muß da mal hin.

Ich stehe dann plötzlich vor unserem Kühlschrank und fülle mir ein Körbchen. Ich wußte nicht warum. Ich dachte dann: Da läufst du jetzt hin. Meine Frau war mit den Kin-

In der Hafenstraße

dern in Süddeutschland. Ich gehe etwa eine halbe Stunde. Als ich vor einem der besetzten Häuser stehe, ist es von einer Hundertschaft der Polizei umringt. Ich bete. Ich gehe auf den nächstbesten Polizisten zu und sage:

»Ich bin Pastor Fischer. Ich wollte mal nach den Hausbesetzern gucken.« Der fährt mich an:

»Was wollen Sie hier! Gehen Sie nach Hause!« Er war sehr jung.

Ich sagte: »Wissen Sie, ich habe hier schon einiges mit der Polizei zu tun gehabt. Bringen Sie mich bitte zum Einsatzleiter.« Währenddessen bete ich. Der Einsatzleiter kennt mich von einer Selbstmordverhütung her.

»Ach, Herr Pfarrer, es ist gar nicht schlecht, daß Sie kommen«, meint er.

»Gut auch, daß Sie da sind.« Ich bin erleichtert. »Ihr Kollege wollte mich schon wieder wegschicken.«

Der junge Beamte sieht mich verlegen an: »Ich weiß doch gar nicht, was die Heilsarmee ist!«

»Hoffentlich wissen Sie es hinterher«, sage ich lachend

und gehe auf die Hausbesetzer zu. Die wollen mich aber nicht hineinlassen: Wen die Senatscowboys (der Schimpfname für Hamburger Polizisten) durchgelassen haben, der kann ihr Freund ja nicht sein.

Da fällt mir mein Körbchen ein, daß ich da stehe wie einst Rotkäppchen vor dem Wolf, und ich sage:

»Leute, ich habe etwas zu essen mitgebracht.«

Da schreit einer: »Fressen ist immer gut. Komm rein!«

Die Tür geht auf. Man führt mich zu einem Mädchen, das sich mit Koliken plagt. Ich spreche lange mit ihr. Sie erzählt mir viel von ihrer Not. Sie legt eine Lebensbeichte ab. Ich sehe, sie braucht einen Arzt. Ich sage zu ihr: »Ich werde einen Arzt holen.«

Sie wehrt ab: »Ich habe so Angst vor einer erkennungsdienstlichen Behandlung.« Ich verspreche ihr, es wird nicht geschehen. Sie lächelt mich ungläubig an. Auch die Hausbesetzer glauben mir nicht. Ich spüre das sehr. Aber ich gehe zurück zum Einsatzleiter, erzähle ihm das und sage ihm, daß ich dieser jungen Frau versprochen hätte, daß sie nicht erkennungsdienstlich behandelt wird.

Da brüllt er mich an:

»Herr Pfarrer, Sie haben Ihre Kompetenzen weit überschritten!«

»Ich weiß das, aber – «, ich stottere ein bißchen, » – sie hat doch bei mir gebeichtet!«

Da sagt er lächelnd: »Hochwürden, wenn Sie das sagen, dann ist alles in Ordnung. Ich bin praktizierender Katholik, die Sache geht klar.«

In Hamburg gibt es nur 7 % Katholiken, und dann einen praktizierenden zu treffen, ist wahrlich selten; aber hier erleben wir einfach, wie Gott schon da ist, wenn wir kommen. Und dann noch das Schönste: Als ich wegging, nahm mich einer der jungen Hausbesetzer in den Arm, und während ich mich so von ihm verabschiede, kommt dieser junge Polizist, der mich nicht durchlassen wollte, vorbei und sagt:

»Herr Pastor, ich habe gemeint, Ihr Gott wäre für uns!«

Da angle ich mir auch ihn und habe sie nun beide im Arm und sage:

»Mein Gott ist wirklich für jeden.« Als ich weggehe, sehe ich, daß die beiden miteinander reden. Der, der vorher geschrien hat: »Schlagt die Bullen platt wie Stullen!« und der, der gesagt hat: »Hausbesetzer, das sind doch keine Menschen mehr, das sind Schweine.«

Aus dem Tagebuch eines Mitarbeiters

Die Hafenstraße in Hamburg ist im Jahr 1987 ein brennendes Thema in den Schlagzeilen gewesen. Wir vom Missionsteam hatten auch mit der Hafenstraße zu tun, nicht aus Sensationslust, sondern weil wir erkannten, daß den Menschen in den besetzten Häusern nur Jesus Christus helfen kann. Der Haß, die Aggression und die Verbitterung auf Seiten der Besetzer wie der Polizei und der Bevölkerung hatten im November '87 den Höhepunkt erreicht. Schon Wochen bevor es zu dieser Krise kam, haben einige Teamler die Hafenstraße »aufs Korn« genommen. Mit Gebetsspaziergängen und Gesprächen im »Onkel Max« (besetzte Kneipe) hatten wir das Vertrauen verschiedener Besetzer gewonnen. Sie kannten uns vom Sehen und akzeptierten uns.

In meinem Tagebuch steht:

Donnerstag, 12. 11. 87

Die Lage um die Hafenstraße ist sehr kritisch geworden. 3000 Polizisten haben sich in der Nähe des Stadtteils St. Pauli einquartiert. »Herr Jesus, bewahre die Besetzer vor einer Kurzschlußreaktion.«

Freitag, 13. 11. 87

Heute ist es erstaunlich ruhig, aber die Spannung in den

Häusern ist sehr groß. Es kommen immer mehr Leute aus ganz Deutschland, sogar aus dem Ausland, in St. Pauli an. Das kann morgen bei der Demo ja heiter werden. »Oh, Herr, dieser Tag war ganz schön voll, danke, daß du mich durchgetragen hast!«

Samstag, 14. 11. 87

Mit Michael wollte ich die Demo als Beobachter begleiten, aber die Polizei löste das Ganze auf, bevor es angefangen hatte. Wieder in der Hafenstraße angekommen, sahen wir, daß die Zahl der Besetzer (1000) durch die Sympathisanten auf ca. 8000 angestiegen war. Dann fand eine Großkundgebung statt, bei der jeder sprechen durfte, der etwas Positives zu sagen hatte. Deshalb fragten wir, ob Dankmar auch etwas sagen dürfte, was nach Absprache mit den Verantwortlichen genehmigt wurde. Dankmar willigte nach einigem Hin und Her am Telefon ein und erschien zusammen mit seiner Frau Renate nach einer Stunde in voller Heilsarmeemontur. Es sah schon ein bißchen lustig aus, Heilsarmeeuniform zwischen Jeans und Lederjacken, Leuten mit gefärbten Haaren etc.

Dankmar bedankte sich bei den Demonstranten dafür, daß sie bis dahin Ruhe bewahrt hatten, und bei den Polizisten, die schon den ganzen Tag auf den Beinen waren, dafür, daß sie das Ihrige zum Frieden beitragen würden. Die Reaktion der Besetzer war erstaunlich ruhig, es gab keine Buh-Rufe, nichts. Das ist umso erstaunlicher, als in den Tagen davor kein Polizist sich mehr in die Nähe der Häuser wagte. In Dankmars Ansprache folgten noch einige Gedanken über die Arbeit und das Ziel der Heilsarmee, die ja unter dem Motto »Suppe-Seife-Seelenheil« arbeitet.

Zur Suppe wurden wir einfach verpflichtet, indem man ohne unser Wissen über den Lautsprecher bekanntgab, daß die Heilsarmee mit der für sie angeblich typischen Gulaschkanone auffahren würde. Aus der Gulaschkanone wurde dann eine große Therme Kaffee für die Besetzer und die Polizei, damit nicht der Eindruck entstehen konnte, wir würden Partei für die Hafensträßler beziehen. Unser Anliegen war nach wie vor, den Menschen unserer Stadt zu helfen, ihnen Jesus Christus als unseren Herrn bekannt zu machen.

Die Lage in St. Pauli war bis ca. 21.00 Uhr ruhig. Dann kam die Nachricht, daß sich ca. 50 Rechtsradikale vom Hauptbahnhof in Richtung Hafenstraße in Bewegung gesetzt hatten. Innerhalb von 10 Minuten waren alle Straßen verbarrikadiert und mit Maskierten besetzt, die mit Stahlrohren, Pflastersteinen und Molotowcocktails bewaffnet waren. Die Polizei riegelte das Hafenstraßengebiet ab, um das Schlimmste zu verhindern. Wir verließen daraufhin den Gefahrenbereich.

In der Wesleystube im Heilsarmeehaus beteten wir, wie ich es selten erlebt habe. Die 20 bis 25 vollzeitlichen und ehrenamtlichen Mitarbeiter riefen zu Gott: »Herr, greif jetzt ein, schenk deinen Frieden und verhindere, daß sie sich gegenseitig den Schädel einschlagen und sonst etwas zerstört wird.«

Nun mußten die Polizisten die Besetzer vor den Rechtsradikalen schützen, die dann aber abgedrängt wurden, bevor es zu irgendwelchen Ausschreitungen kommen konnte.

Die Nacht blieb ruhig, und ein paar Tage später konnten sich die Besetzer mit der Hamburgischen Regierung einigen.

Wir durften erfahren, daß Gott ernste Gebete erhört. Auch heute ist uns die Hafenstraße noch ein Anliegen, denn es leben viele junge Menschen darin, die bereits resigniert haben. Tragischerweise handelt es sich auch um gestrandete Christen, die irgendwann einmal im CVJM, einer Jungschar oder Sonntagsschule waren!

In verschiedenen Gesprächen konnte der Samen des Evangeliums ausgestreut werden und auch Wurzeln schlagen.

Matthias Schole

Die Badewanne – ein Gottes-Geschenk

Uns ist so wichtig, bei solchen Erlebnissen die Menschen zu erreichen und ihnen einfach zu zeigen, daß Gott sie liebt. Ich habe immer wieder erlebt, daß Menschen, die Christus noch nicht kennen, dadurch angesprochen werden, daß wir einfach hingehen. Unsere Badewanne ist da z.B. ein großes Gottesgeschenk.

Ich habe jahrelang für eine Badewanne in St. Pauli gebetet. Wir haben die Beratungsstelle in Eigenleistung umgebaut, und es gab nie eine ordentliche Badewanne. Wir hätten eine mit Lifter gebraucht, womit man einen Betrunkenen nicht bloß rein, sondern auch wieder herauskriegt. Und dann fanden wir einen Installateur. Ich sagte ihm, er möge uns die Badewanne in die Mitte des Raumes stellen, so daß ich von allen Seiten drankomme. Der Mann war ganz entsetzt und sagte:

»Jetzt baue ich seit vierzig Jahren Badezimmer. Ich habe noch nie 'ne Badewanne in die Mitte gestellt. Warum denn das?«

»Haben Sie schon einmal 'nen Besoffenen herausgeholt?« frage ich.

»Ach so«, sagt er, »nee, das nich.«

Gott sei Dank für diese Badewanne. Da kamen Punker zu uns nur wegen dieser Badewanne. Da sagte einer: »Ich habe wochenlang nicht mehr gebadet. Kann ich nicht mal rein?« Unser Mitarbeiter, der ihn kräftig einseift und bürstet und rubbelt, ist dann schneller mit ihm im Gespräch, als wenn er ihn auf der Straße anspricht.

Da war diese fünfzehnjährige Lehrertochter aus Berlin, weggelaufen von zu Hause. Sie sagte mir wörtlich:

»Wenn ich schon nicht schön sein kann, dann will ich eben potthäßlich sein.« Sie sah furchtbar aus. Nachdem sie gebadet war und in meinem Zimmer saß, wurde sie doch ein bißchen offener. Sie meinte, daß ihr Vater Angst um sie hätte. Dann riefen wir zu Hause an, und das Erstaunliche geschieht: Das erste, was der Vater am Telefon sagte, war:

»Kind, ich habe viel Mist gebaut. Ich habe dir gegenüber wirklich viel Schuld am Stecken!«

Da sagte sie ganz laut und vernehmlich:

»Da haste recht; aber wenn du's zugibst, dann kann man ja noch einmal anfangen.«

Der Vater mußte die Rechtslage wohl etwas korrigieren.

»Du mußt aber auch zugeben, daß du auch . . .«, sagt er. Da war alles klar. Wir haben sie dann in den Zug nach Berlin gesetzt, und ein Vierteljahr später bekam ich die Nachricht, daß es dort ganz gut geht.

Ähnliche Erlebnisse gehören hier zum Alltag. Dafür sind wir ja da.

Erinnerungen

Aber manchmal kommt auch etwas ganz Neues auf einen zu, und das sind dann göttliche Lehrstücke. So ruft eines Tages ein Zuhälter an und sagt:

»Ich habe hier frische Ware vom Land.«

Ich dachte zuerst an Salat, aber dann nahm ich den Anruf doch etwas ernster. Ich war ja nicht in Hintertupfingen, sondern bei der Heilsarmee dieses Babels. Aber ich war noch dumm. Ich hatte keine Ahnung.

Ich gehe dann in die Kneipe, die mir der Mann genannt hatte und wo dieses sechzehnjährige Mädchen aus dem Siegerland sitzt. Sie war aus einem Kinderheim weggelaufen und war intellektuell so beschränkt, daß sie gar nicht verstanden hatte, um was es ging, so daß ich ihr erst erklären mußte, daß dieser Mann, dem sie in die Fänge geraten war, ein Zuhälter war, der eigentlich wollte, daß sie für ihn auf den Strich ging. Diese Eröffnung brachte sie so durcheinander, daß sie sich zitternd an mich klammerte und flüsterte:

»Ich bin ja so froh, daß Sie mich rausholen!« Sie hatte gar nicht verstanden, daß der Mann selber ein Stück schlechtes Gewissen hatte, wohl auch wegen ihrer Einfalt.

Da ruft mich die Polizei an:
»Bitte kommen Sie zum Zählen! Wir brauchen einen neutralen Zeugen!«
Ich suche das Haus. Es ist eine billige Absteige, in der ein alter Herr gestürzt war. Er lag nun im Krankenhaus. Die Polizei fand im Sofakissen viel Geld. Also gut, so zähle ich eben der Polizei das Geld.

Eines Morgens gehe ich über den Hamburger Fischmarkt. Einer, der da Heringe verkauft, sieht mich, macht sich einen Spaß und ruft:
»Herr General, ich schenke dir ein Heringsfaß!«
Danke!
Nun überlege ich mir, ob ich das Faß wie einst Obelix seine Hinkelsteine auf dem Rücken transportieren kann, aber dann entscheide ich anders. Ich werde die Heringe verkaufen. Mit Sprüchen wie:
»Willst du lindern Leid und Weh,
kauf Hering bei der Heilsarmee«
halte ich mit den lautesten Schreiern mit, und ehe ich mich versehe, kaufen mir die Leute die Fische ab. Als das Faß leer ist, sehe ich die Leute immer noch dastehen. Was kann ich tun? Ich predige über den Fischzug des Petrus. Nach dem Amen fragt mich der Heringsverkäufer, ob ich das nicht häufiger bei ihm machen könne.
»Nee«, sage ich, »ich habe schon einen Job«, bedanke mich und ziehe fröhlich meine Straße.

Wenn ich »auf St. Pauli« gehe, entstehen immer Kontakte mit Menschen. Ich habe das Gefühl, daß die Leute die Heilsarmee in einer liebevollen ironischen Art ernstnehmen nach dem Motto: Das sind die Frommen mit einer

Macke; aber wenn du Hilfe brauchst, dann sind sie für dich da.

Mit diesem Image kann ich ganz gut leben.

Sprüche – und nichts dahinter?

Als ich zehn Jahre alt war, bekam ich zu Weihnachen ein Fahrrad, das ich wirklich nicht verdient hatte; ich war so böse gewesen, daß meine Oma erstaunt feststellte:

»Dankmar, wie kommt es denn, daß du jetzt ein Fahrrad bekommen hast? Du warst doch wirklich nicht brav!«

Worauf ich als Predigerkind sagte:

»Oma, Gnade, nichts als Gnade!«

Als ich wieder einmal die Gemeinde besuchte, wo wir damals wohnten, erinnerte man mich an diese Geschichte.

Was mir heute in dieser Arbeit so hilft, muß damals schon ein wenig spürbar gewesen sein: eine etwas pfiffige Veranlagung, die der Herr geschenkt hat; man kann sich so etwas nicht antrainieren.

Ich werde oft gefragt: »Wo nimmst du deine Gags her?«

Ich hole sie mir wirklich, wo ich sie kriegen kann. Viele Sprüche habe ich von Pater Laeppich, den ich sehr verehre – nicht wegen seiner Theologie, sondern wegen seiner Volksmission. Von Billy Graham habe ich viel gelernt. Wolfgang Dyck war ja noch in Hamburg, als ich kam, und von ihm habe ich gelernt, wie man an die Menschen herangeht. Er hat mir vieles gezeigt. Ein Erlebnis werde ich nie vergessen.

Wir halten miteinander eine Freiversammlung, und da sagt er zu mir:

»Dankmar, ich kann heute nicht predigen.«

»Warum?« frage ich.

»Komm doch mal mit!« An der Ecke sagt er mir: »Ich habe gerade eben in einem Selbstbedienungsladen 50 Mark

50

geklaut. Ich kann jetzt nicht reden. Geh du mit mir!«

Da gingen wir zusammen hin, und er gab diese 50 DM zurück.

Ich werde das nie vergessen, wie er, der damals schon bekannte große Straßenprediger, vor mir zugegeben hat: »Ich habe gerade eben geklaut« und bereit war, das nicht klammheimlich, sondern vor mir als Zeugen in Ordnung zu bringen. Es gab dann keinerlei Schwierigkeiten. Die Verkäuferin nahm die 50 Mark, bedankte sich und entschuldigte sich noch, daß sie die Kasse offengelassen hatte.

Die Geschichte war ein Lehrstück für mich. Wolfgang zeigte mir, wie wichtig es ist, daß wir Versuchungen ernstnehmen, und daß wir, wenn wir in Versuchungen gefallen sind, dann mit allem, was uns belastet, voll Vertrauen zu dem gehen, der selbst versucht wurde, und dann in Ordnung bringen, was sich ordnen läßt.

Einige von Wolfgang Dycks Sätzen waren:

»Viele singen: Die Sach ist dein, Herr Jesu Christ ... und weil es deine Sache ist, kann ich ruhig schlafen gehen.«

»Netze soll man auswerfen und nicht Menschen aus der Kirche.«

»Es gibt eingebildete Ausbildung und ausgebildete Einbildung.«

Solche Sätze bleiben hängen, davon habe ich immer wieder profitiert, und ich habe angefangen, das nun nicht nachzumachen – man kann so etwas nicht imitieren –, aber Dinge aufzugreifen, die Gott mir schenkt – es sind wichtige Geschenke, gerade für die Zuhörer, die ich erreichen will. Das ist ja nicht der gemeindeerprobte Kirchenbanksitzer, der es gelernt hat, eine Stunde zuzuhören, obwohl ich mich auch da oft frage: Hat er es wirklich gelernt oder tut er bloß so? Ich muß meine Zuhörer abholen mit Sprüchen, mit Gags. Das ist dann den Amtskollegen manchmal zu viel, aber für meine Zuhörer geht das gar nicht anders – ich denke, auch den Kirchengemeinden täte solch eine kleine heitere Aufmunterung manchmal ganz gut.

Als mich nach einem Dienst während eines Jugendtreffens einige Brüder lobten, es sei gut gewesen, konnten sie sich die Frage nicht verkneifen, ob denn die vielen Gags sein mußten.

Ich weiß das vorher nicht. Ich sehe mir mein Publikum an und bin froh, daß der Herr mir dann meistens auch die richtigen Ideen schenkt. Mittlerweile habe ich ein ganzes Waffenarsenal, aus dem ich das eine oder andere Stück bei meinen Vorträgen gelegentlich mal zeige.

Dazu gehört eine echte Pistole, mit der ich mal erschossen werden sollte.

Das Stilett hatte eine Mitarbeiterin eine halbe Stunde lang vor der Brust gehabt; ein Mann hatte sie damit bedroht. Als ich damals in das Zimmer kam, gab er es mir. Ich habe es oft dabei, und wenn ich es dann mitten in der Predigt herausziehe, dann ist das schon ein Gag. Das kann man nicht überall machen, aber manchmal ist es hilfreich. Gelegentlich führe ich auch eine Flasche mit Schnaps mit mir herum; gerade im Schuldienst kann ich sie gebrauchen.

Das Gewehr nahm ich jemandem ab, der damit seine Prostituierte erschießen wollte. Ich legte ihm meine Hand auf die Schulter und sagte:

»Fischer von der Heilsarmee, komm, gib mir die Knarre!« Der dreht sich um und sagt:

»Biste en Bulle? Nee, bist keener – da hast se!«

Solche Erlebnisse machen es einem leicht, in St. Pauli zu arbeiten, wo wir auch immer wieder erleben, daß Gott unsere jungen Leute bewahrt, daß ihnen da wirklich nichts passiert.

Alle Waffen, die ich mit mir führe, werden vorher unschädlich gemacht. Ein Freund bei der Davidswache, ein Hauptkommissar, besorgt das; denn wenn ich ins Ausland fahre und so etwas mitnehmen will, brauche ich ein Zertifikat, das mir erlaubt, diese unerlaubten Dinge mitzunehmen.

Ich habe auch ein Drogenbesteck. Das ist der Knüller: Ich kaufe mir in den Städten, in denen ich evangelisiere, eine Portion Heroin, um den Leuten zu beweisen, daß ich in ihrer Stadt Heroin kaufen kann. Dafür gibt mir ebenfalls die Davidswache eine Bescheinigung, daß ich als Therapeut aus therapeutischen Gründen das gelegentlich brauche, eben weil ich auch in der Schule unterrichte. Ich mache mich meistens vorher auch im Rauschgiftdezernat sachkundig und stelle mich dort vor. An meinem Drogenbesteck lasse ich immer noch einen Rest Heroin, das wir in der Klasse über eine Kerze halten, damit es sich verflüssigt.

Ich nehme auch gern eine kleine Portion echtes Heroin mit. Die Schüler sollen wissen, wie es aussieht – weiß, pulverig wie Waschpulver –, und feststellen, daß es keinen typischen Geruch hat. Ich zeige ihnen dann auch diese Plastiksäckchen, in denen Heroin verkauft wird. Das, was ich dann bei mir habe, kostet etwa 50 Mark.

In einer süddeutschen Kleinstadt sollte ich predigen. Der Pastor dort sagte:

»Bei uns gibt es so etwas nicht.«

Ich habe nichts gesagt. Am Abend brachte ich dann Heroin mit auf die Kanzel, gekauft am örtlichen Drogenumschlagplatz. Da waren die Leute doch erstaunt, daß es so etwas bei ihnen gibt!

Ich meine nur, es ist wichtig, daß uns klar wird: die Gemeinde Jesu muß dort sein, wo Not ist. Es müssen ja nicht die Drogen sein. Wir haben in St. Pauli viele türkische Kinder. Wir gehen zu ihnen, halten Kinderstunden, erzählen ihnen von Jesus. Ich kann nicht von Bekehrung reden, aber ich weiß, daß die Kinder Jesus lieben lernen – alles andere vertrauen wir Gott an.

St. Pauli ist das Getto für Menschen, die aus ihrer eigenen Gesellschaft fallen. Die Türkin, die in St. Pauli wohnt, ist in einer schwierigen Lage. Sie wurde mit ihren sechs, sieben Kindern von ihrem Mann verlassen, der nun mit einer deutschen Frau zusammenlebt. Die Türkin ist also in einer ganz bestimmten Not und ist dankbar, wenn man sich um sie kümmert. Sie kann nicht ausbrechen, denn wenn die Polygamie auch nach türkischem Recht verboten ist – im Koran liest der Mann, daß er mehrere Frauen haben kann. Deshalb gelten die meisten dieser Frauen, auch wenn sie nach deutschem Recht geschieden sind, nach türkischem Denken noch immer als Frau dieses Mannes. Daraus entsteht viel Not. Deshalb gehen wir zu ihnen; wir sprechen mit ihnen und erleben es bei unseren Straßenfesten immer wieder, daß Gott Kontakte gibt und Hilfe.

Die ganze Straße ist voll Gott

Ich war jahrelang überzeugt, daß wir ein Fest mitten in St. Pauli brauchen. Ich habe es meiner Frau gesagt, ich habe es den Mitarbeitern gesagt, aber sie hielten das nicht für möglich. Ich sprach darüber auch einmal mit einem Polizisten. Der sagte:

»Überall, aber nicht in St. Pauli!«

Dann habe ich acht Jahre lang mindestens einmal in der Woche für solch ein Fest gebetet, habe noch öfter daran gedacht und es mir ausgemalt: Wir würden mit den Leuten spielen, eine klare missionarische Verkündigung anbieten, Würstchenstände, Luftballons..., ich hatte so meine Idee.

Eines Nachts klingelt das Telefon. Ein Polizist liegt im Sterben, ein Zivilfahnder. Er bittet um einen Seelsorger. Ich gehe da hin. Früh morgens stirbt er. Als ich das Krankenhaus verlasse, kommt der Polizeidirektor und bedankt sich und sagt:

»Herr Pastor, wir haben heute nacht siebzehn Pfarrer angerufen. Sie waren der einzige, der kam. Ich möchte mich bei Ihnen bedanken. Wenn Sie mal meine Hilfe brauchen, stehe ich zur Verfügung.«

In dem Augenblick fällt mir das Straßenfest ein, und ohne zu zögern sage ich:

»Ja, ich brauche Ihre Hilfe sehr. Ich brauche nämlich ein Straßenfest.«

Straßenfest in der Talstraße – »Die ganze Straße ist voll Gott«

»Kommen Sie am Donnerstag in mein Büro.« Und etwas schmunzelnd fährt er fort: »Es wird ja nicht gerade in St. Pauli sein müssen.«

»Doch, in der Talstraße!« Mehr bringe ich nicht heraus. Zu deutlich sehe ich alles vor mir: die Menschen, die um die Sänger und die Posaunenbläser, um die Würstchenstände herumstehen, die Ballons ...

Er wird ein bißchen aufgeregt, aber als wir uns dann trafen, genehmigte er mir das Straßenfest, das wir nun schon mehrfach durchgeführt haben und das kaum weniger als 10.000 Leute besuchten. Da wird einfach ein Stück Breitenarbeit erlebt, und als »idea« unseren Major zitierte: »Die ganze Straße ist voll Gott« – da war es das, was wir wollten.

Da kam dann auch eine solche türkische Mutti und fragte mich, ob ich auch etwas von ihrem Kuchen annehmen würde. Natürlich wollte ich. Da kam der Mann und bedankte sich, ich sei der erste Deutsche, der von ihnen Kuchen annähme, sie hätten ihn schon vielen angeboten.

Das hat uns dann die Tür geöffnet. Bevor diese Familie in die Türkei zurückging, sollte ich sie besuchen. Es war ihnen in Deutschland nicht gut gegangen; allein die Leute von der Heilsarmee seien ihnen freundlich begegnet. Dafür bedankten sie sich. Und nun erst sagten sie mir, daß sie türkische Christen sind. Das hatten sie mir vorher nie gesagt.

Diese Mitteilung stürzte mich in tiefe Not. Nicht allein, weil sie Christen waren. Ich mußte an Jesu Frage denken: »Wer war der Nächste dessen, der unter die Räuber fiel?« Das Christentum dieser Freunde war sicher mit Elementen vermischt, die uns fremd waren, aber was hätte in den Jahren ihres Hierseins an Gemeinschaft wachsen können! Eigentlich war es keine menschenfreundliche Geste, die mich veranlaßte, ihren Kuchen anzunehmen – weil ich gern Kuchen esse hatte ich ihn angenommen.

Das Straßenfest findet also einmal im Jahr statt. Die Talstraße, in der ja das Haus der Heilsarmee steht, ist dann vollkommen gesperrt, und es gibt die unterschiedlichsten Angebote: Eine Spielstraße für Kinder, Luftballons steigen, Straßenmusikanten sind da. Ich verteile dann leidenschaftlich gerne Würstchen. Und jede Stunde gibt es ein missionarisches Programm. Ich und andere Mitarbeiter predigen Deutsch. Dr. Barcey predigt Türkisch – die Leute hören zu. Am Schluß gibt es dann einen Straßengottesdienst. Es ist eine schöne Sache! Vor allem, weil sich auch die Passanten mit Vergnügen daran beteiligen – einfach weil da nichts kommerziell ist. Wir verkaufen an dem Tag nichts. Die Besucher bekommen alles gegen einen Unkostenbeitrag. Es ist dann sehr gemütlich, und da es keinen Alkohol gibt, erleben die Leute, daß es auch ohne geht, und auch das ist schön. Nach einem solchen Fest sagte Major Schollmeier strahlend: »Seht ihr, die ganze Straße ist voll Gott!«

Unser Viertel verändert sich dauernd

Dienstags haben wir eine Kindergruppe, und einmal im Monat eine Kleiderausgabe für Kinder, besonders auch für türkische Kinder. Das ist wichtig. Dann kommen dreißig bis fünfzig Kinder mit ihren Eltern. Sie hören eine biblische Geschichte. Sie bekommen Kakao. Die Mitarbeiter beschäftigen sich mit ihnen. Wir versuchen auf diese Weise, gerade diesen Kindern ein Stück Heimat zu geben.

Es handelt sich vorwiegend um Türken, weil in St. Pauli kaum noch deutsche Familien leben. Sie haben sich aus diesem Gebiet zurückgezogen. Aber selbst wenn sich jetzt die Prostitution von St. Pauli zurückzieht, wird dieses Viertel nicht menschenleer: In St. Pauli lebt, was woanders keinen Platz findet. Es sind Transvestiten da, es sind Lesbierinnen, Homosexuelle; Frauen, die Prostitution offen oder auch hinter der Hecke betreiben. Es kommen immer wieder Menschen, die ihr Glück zu machen versuchen und dabei scheitern. Drogenhändler. Eine Spielhalle reiht sich an die andere, und von all diesen Gruppen suchen Menschen die Seelsorge, darunter auch solche, die unter Spielleidenschaft leiden, und ich habe auch da Erfahrungen gemacht, wie Christus hilft und wie er – der eigentliche Sachkundige in allem – sich auch unserer fachlich-therapeutischen Mittel bedient, die ja im Verhältnis zu den Seinen mehr als bescheiden sind.

Obwohl unser Viertel als Typ eine gewisse Konstanz zeigt, verändert sich sein Gesicht doch jedes Jahr. Es wird brutaler, wird härter. Deshalb bin ich auch häufiger im Gerichtssaal. Da war diese Pinzner Mordgeschichte, da sind immer wieder andere Mordgeschichten, und dann ist es selbstverständlich, daß ich sooft wie möglich im Gerichtssaal bin, einfach, um da zu sein. Damit die Leute mich kennen und wissen: Der kümmert sich um uns. Ich gehe in Uniform hin. Das ist ein Angebot: Hier habt ihr einen Ansprechpartner – und zwar alle Seiten. Das Ergebnis solchen Präsentseins besteht oft darin, daß man bei uns anruft: »Da ist eine Frau – eine Prostituierte – gestorben, kannst du die beerdigen?« Oder: »Mein Mann sitzt schon soundso lange. Kannst du ihn nicht mal besuchen!« Und gelegentlich ruft ein Richter an: »Herr Pfarrer, ich habe hier einen Fall, da wäre es ganz gut, Sie würden sich mal drum kümmern.«

Mir ist es wichtig, daß Kirche da ist.

Gelegentlich habe ich in der Beratungsstelle eine Gutachtertätigkeit. Das erste Gutachten – nach einem verunglückten – betraf einen jungen Drogenabhängigen, der zum Glauben gekommen war, aber noch einiges an Strafen offen hatte. Nun ging es darum, das Gericht zu bitten, diese Strafen vorläufig zur Bewährung auszusetzen. Nach meiner Begründung sagte der Staatsanwalt voller Hohn:

»Na ja, der junge Mann hat eben Drogen genommen, und jetzt ist er auf den Jesus-Trip umgestiegen.« Ich konterte wie aus der Pistole geschossen und konnte dabei sogar richtig freundlich sein:

»Wenn der Herr Staatsanwalt das als eine andere Droge bezeichnet, dann kann ich ihn nur ernstlich fragen: Der junge Mann hat sich vorher kaputtgemacht, und jetzt sagen alle, auch die anwesenden Ärzte, er hätte sich gut entwickelt – was ist denn dann besser: die Jesus-Droge oder die andere?«

»Eins zu Null für Sie«, antwortete der Staatsanwalt.

Ich war darüber sehr froh. Ich hatte dann häufiger am Gericht zu tun. Das half natürlich auch in anderer Hinsicht: Die Honorare wanderten in die Arbeit, und es kamen auch noch ein paar Bußgelder dazu. Auch dies war eine Möglichkeit, Verbindungen aufzubauen.

So sind wir in St. Pauli präsent. Manchmal gehen wir

einfach in der Uniform durch die Straßen, ohne besonderes Ziel, nur um da zu sein. Das heißt: Ihr Leute in eurem Elend – ihr seid nicht allein. Wenn ihr Hilfe braucht – seht, wir sind da!

Heilung

Kürzlich wollte meine Stimme, die doch sonst unverwüstlich schien, plötzlich nicht mehr funktionieren. Ich krächzte wie ein altes Grammophon, ging zum Arzt, der mir eröffnete, daß sich Knötchen auf dem Stimmband gebildet hatten.

Das brachte uns in große Not. Andere hinzugezogene Ärzte bestätigten die Diagnose. Wir handelten daraufhin nach jenem Bibelwort im Jakobusbrief (Kapitel 5), denn wir nehmen das Wort des Herrn ernst, und mit dieser Stärkung ging ich dann ins Krankenhaus. Ich – wir alle waren doch sehr dankbar, daß nach der Operation meine Stimme sehr schnell wieder da war. Die folgende logopädische Behandlung verhalf mir zu einer neuen Sprechtechnik, und so erfuhren wir, daß beides wichtig ist: dieses Vertrauen auf den Herrn und die medizinisch-fachliche Hilfe mit dem wichtigen Hinweis auf die richtige Atmung, der ich bis dahin nicht die geringste Beachtung geschenkt hatte.

Ich denke, daß in unserem Leben beides zusammen kommen muß: die körperliche Hilfe und die geistliche Hilfe.

Ich war vier Tage ohne Stimme. Und in diesen vier Tagen hatte ich natürlich viel Angst. Aber geistlich waren diese vier Tage heilsam. Sie haben mir gezeigt, daß Gott auf meine Stimme nicht angewiesen ist und daß er wirklich sein Reich baut. Ich wurde ganz ruhig, obwohl da noc ein Problem war: die Finanzen. Wenn ich evangelisiere, wächst unser Freundeskreis, der die Arbeit finanziell unterstützt. Ich hatte den Herrn gebeten, daß er, wenn ich doch jetzt nicht mehr reden kann, die Verantwortung übernimmt.

Im tiefsten Grunde meines Herzens machte ich ihm Vorwürfe: Wieso läßt du mich nicht mehr reden? Da gehen wir doch pleite!

Doch da kommt meine Frau aus dem Büro und sagt: »Stell dir vor, gerade eben ist eine Spende von 20.000 DM gekommen – fürs Dach!«

Nur einmal hatte ich bisher von einer Evangelisation 20.000 DM mit nach Hause gebracht. Es war völlig klar: Hier zeigte mir Gott, daß er auf meine Stimme nicht angewiesen ist.

Sie wollte vor der S-Bahn sterben

Im Trainingsanzug kam ich von einer Behandlung bei meiner Logopädin. Nach dieser Stimmbandoperation war ich froh, langsam wieder reden zu können, und schlenderte über den Altonaer Bahnhof. Plötzlich sah ich eine große Menschenmenge aufgeregt wie die Hühner gackernd in eine bestimmte Richtung laufen. Ich schloß mich an, mit meinen 1,97 m überschaute ich die Lage und sah eine junge Frau, einen Walkman über die Ohren gestülpt, laut schreiend in Richtung Gleis rasen. Ich lief ein bißchen schneller, kam dann auch rechtzeitig hin, packte die Person am Kragen, schrie sie zuerst an und redete dann beruhigend auf sie ein. Sie blickte auf, schob den Kopfhörer zurück und sagte ganz erstaunt:

»Wo kommst Du denn her?« Sie kannte mich von gelegentlichen Predigtdiensten in einer Hamburger Gemeinde und begann unter einer gewissen Schockeinwirkung zu erzählen. Ihre Stimme überschlug sich, immer schneller redete sie:

»... keine Lust mehr, zu leben ... er wollte mich nicht haben ... ich liebe ihn so ... und jetzt wollte er mich in die Psychiatrie einweisen lassen! ... ich will vor den Zug springen!«, waren einige Fetzen, die ich aufschnappte.

Ich lud sie ein, mit mir erst einmal spazieren zu gehen. Mittlerweile verlief sich die Menge der Leute. Ein Bahnbeamter fragte:

»Sind Sie Arzt?«

»Nein, Pastor.«

»Haben Sie die Sache im Griff?«

»Ja, mit Gottes Hilfe.«

Er tippte sich an die Stirn und sagte:«Kommen Sie nachher zum Protokoll. Wie ist ihr Name?«

Als ich ihn nannte, murmelte er:

»Ach, der Verrückte von der Heilsarmee; dann haben Sie ja Erfahrung mit Leuten, die sich umbringen wollen.«

Ich konnte nichts mehr sagen, weil meine Gesprächspartnerin mittlerweile einen Wutanfall bekam und ihn schlimm beschimpfte. Sie war extrem klein, und es muß schon sehr komisch ausgesehen haben, wie ich von oben runter sie zu beruhigen versuchte. Zwei Stunden liefen wir durch die Stadt, dann setzten wir uns in ein Lokal. Ich ging schnell telefonieren, rief meine Frau an, um ihr zu sagen, daß wir Gebetsunterstützung brauchten, und schilderte ihr kurz die Lage. Das ist bei uns im Team überhaupt sehr hilfreich, daß, wenn einer von uns in schwierigen Situationen ist, er die anderen zu beten bittet und dann auch wirklich merkt, wie Christus hilft. Als ich vom Telefonat zurückkam, packte die Frau aus. Sie erzählte mir von einer jahrelangen unglücklichen Beziehung zu einem verheirateten Mann, der gestern nacht in den Ruhestand verabschiedet wurde, und zwar mit einer großen Party, wonach sie ihm – wie sie sich ausdrückte – »ein großes Theater gemacht« und ihn ein Schwein genannt habe. Darauf habe ein Freund dieses Mannes, ein Arzt, sie in die Psychiatrie einweisen wollen. Sie sei dann einige Stunden ziellos durch

Hamburg gerannt, bis sie zu dem Entschluß gekommen sei, sich umzubringen.

Langsam führte ich das Gespräch auf Christus. Ich wußte, daß sie früher einmal bewußt mit Jesus gelebt hatte, und dann brach es aus ihr heraus:

»Ich weiß um meine Schuld, und weil ich meine Schuld kenne, will ich sie nicht hergeben!« Sie erzählte, daß sie sich öfter habe besprechen lassen, daß sie die Seelsorge jedoch nicht in Anspruch nehmen wolle, und haßerfüllt schrie sie mich an:

»Was willst du hier überhaupt!«

Das ist dann der Punkt, an dem man nicht anders kann, als im Namen Jesus zu gebieten; wo es darum geht, einen Menschen ganz neu vor die Entscheidung zu stellen: Willst du mit Christus leben?

Sie wollte nicht. Schweren Herzens mußte ich zusehen, wie sie sich von mir verabschiedete.

Einige Tage später kam ein Dankesbrief, in dem sie schrieb, daß ich ihr das Leben gerettet hätte; in dem sie mir aber noch mal ganz deutlich mitteilte, daß sie nicht bereit sei, die Konsequenzen eines Lebens mit Christus auf sich zu nehmen. Wörtlich schloß sie: »So werde ich also weiter mit dem Teufel leben müssen!«

Das sind Sätze, die mir unter die Haut gehen, die mich fast verzweifeln ließen, wenn da nicht die Gewißheit wäre, daß es immer noch stimmt: »Wenn Jesus kommt, wird machtlos der Versucher«. So werden wir weiter für diese Frau beten, und ich bin sicher, daß Gott sie nicht fallen läßt.

Manchmal erschrecken Leute darüber, wenn ich so – fast schnodderig – sage und schreibe, daß ich glaube, Gott lasse Menschen, die ihm einmal gehört haben, nicht mehr los. Aber das war immer und immer wieder das Erlebnis im Dienst, und viele, die weit von Gott weggelaufen waren, kamen wieder nach Hause.

Der Vogel hat ein Nest gefunden

Die Mitarbeiter wohnten ja mit meiner Frau und mir in unserem Pastorat in Ellerbek; alles, was wir hatten, gehörte ihnen und uns. Das war sehr schön. Aber dann stellte mich die Gemeinde für die Arbeit in der Heilsarmee frei. Das war sicher eine gute und selbstlose Entscheidung. Wir wußten jedoch nicht, wie wir unser Gehalt aufbringen oder die Miete bezahlen sollten.

Was tut man in einer solchen Situation? Man betet. Wir rangen um Klarheit und hatten auch sehr viel Angst.

Dann ruft ein Mann an und fragt:

»Leben Sie immer noch so beengt?« Ich mußte das bejahen, woraufhin er sagte: »Kommen Sie doch gleich mal vorbei!« Wir fuhren nach Blankenese, in dieses feine Viertel. Vielleicht hatte er eine bestehende Fabrik oder etwas anderes irgendwo in Hamburg anzubieten. Aber nein – er führte uns durch diese ehemalige Privatklinik mit ihren 24 Zimmern. Am Ende fragte er:

»Na, wäre das was für Sie?«

»Wenn Sie uns einen guten Mietpreis machen, gerne!« sagte ich lachend.

»Was heißt hier mieten? Ich will es Ihnen schenken.«

Ich war ganz durcheinander. Mehr als ein langgezogenes »Hääähhh« brachte ich nicht heraus. Meine Frau gab mir einen Rippenstoß und erinnerte mich damit an meine gute Erziehung. Das Resultat: Er stiftete uns das Haus.

Aber damit war die Angelegenheit noch lange nicht perfekt, denn meine Kirche sagte: »Wir wollen den alten Schuppen nicht haben.«

Die Heilsarmee: »Wir haben genug alte Häuser, belastet uns damit nicht!«

Mein Vater: »Also Junge, wenn dieser Mann dir das privat geben will, dann machst du das auf keinen Fall.«

Als die Kirche ein Gutachten vom Haus haben wollte, rief ich einige Architekten an. Einer wollte es sehr günstig machen. Ich rief daraufhin den Superintendenten an. Der sagte:

»Das Gutachten muß immer der Stifter zahlen!«

Unser Stifter war aber ein typischer Geschäftsmann, und ich war sicher: Wenn ich ihm sage, er müsse erst noch ein Gutachten bringen, bevor er das Haus der Kirche schenken darf, der er es ja gar nicht geben wollte – er wollte es ja uns von der Heilsarmee geben –, das sieht er nicht ein. Das macht er nicht.

Dann beteten wir. Ich fragte meine Frau:

»Kann das Team den Betrag denn nicht bezahlen?«

»Nein, wir haben nicht die 800 DM, die das Gutachten kosten soll.«

Wir haben dann am Abend gebetet und alles dem Herrn gesagt: »Du weißt, daß das so schwierig ist. Du kannst da etwas machen.«

Am anderen Morgen ruft ein Mann an, den wir nur ganz flüchtig kannten. Er wohnt in Freiburg im Breisgau. Er sagt:

»Ich habe den Eindruck, ich muß euch heute mal anrufen. Wie geht es euch denn?« Ich erzähle ihm ein bißchen, und während ich das Haus erwähne, fällt mir ein: Der ist ja Architekt! Ich erzähle ihm nun die ganze Geschichte, woraufhin er sagt:

»Habe ich mich doch nicht getäuscht. Ich hatte heute nacht den Eindruck, der Herr will irgend etwas von mir. Ich habe ein Rückenmarksleiden, bin seit einem halben Jahr Rentner, mit 48 Jahren, und der Herr gibt mir immer so komische Aufträge. Ich rufe nachher wieder an und sage, wann ich komme.«

Er war bald darauf mit seiner Frau da und schrieb das Gutachten. Als ich es am Sonntag morgen bringe, sagt der Superintendant:

»Erst machst du so'n Theater, jetzt hast du ein Gutachten. Wie kommt das?« Ja, wir hatten gebetet.

Nun standen wir immer noch vor der Frage: Was tun?

Wir sprachen mit unserem allerhöchsten Arbeitgeber darüber: »Herr«, betete ich, »wenn es wirklich daran scheitert, daß Kirche und Heilsarmee das Haus nicht nehmen wollen, weil zu viel zu renovieren ist, dann kannst du uns ja helfen, daß es renoviert wird ...« Wir haben es innerhalb von fünf Jahren renoviert, und am 7. Mai 1985 war die Heilsarmee dankbar und hat den Vertrag unterschrieben. Seitdem gehört es ihr, und wir sind sehr froh, daß Gott uns geholfen hat, fast alles in Eigenleistung zu machen – die nötigen 500.000 DM dazu kamen auch.

Solche Wunder erlebten wir immer wieder. In seiner Liebe sorgte Gott fürs Äußere und auch fürs Innere. Er ließ es uns immer wieder erleben, daß er durchhilft, bewahrt und daß dies Seine Freude ist.

Die Erfahrung, daß Gott mehr tut, als wir erwarten, läßt mich zuversichtlich in die Zukunft sehen. Mit weniger kämen wir nämlich nicht zurecht!

Hiob hat das auch gekannt

Hiob erlebte zuerst Gottes Segen; dann machte er die Erfahrung des Leids, und nach dem Leid segnete Gott wieder.

Ich denke, beides – Leid und Segen – gehört zum Leben eines Christen. Für uns war der Tod unseres zweiten Kindes ein ganz tiefes Leid und eine tiefe Erfahrung.

Ich hatte vorher unzählige Menschen getröstet und gemeint, ich »könnte« das. Ich habe ja Seelsorge studiert und meinte, Therapie in Krisensituationen zu beherrschen. Doch nun erlebte ich, daß ich nicht mehr konnte. Meine Frau mußte mir wieder aufhelfen. Am Sonntag hatte ich einen Dienst in der Lüneburger Heide mit dem Thema: »Wer ist unser Friede?« Aber ich sagte: »Ich werde nicht mehr predigen. Ich kann es einfach nicht, es ist unmöglich.«

Da sagte Renate: »Wir wollen dem Teufel keine Ehre geben. Du wirst morgen predigen!«

So bin ich predigen gegangen. Mein Herz war wund. Aber im Rückblick kann ich nur sagen: Es war eine Zeit des Segens, weil das Leiden zu den Voraussetzungen für den Segen gehört. Wir wissen nicht, was noch an Leid auf uns zukommt, aber wir rechnen damit, daß Gott uns durchbringt.

Ich bin als Theologe eine Art »Heiligungsoptimist«. Ich denke: Gott hat die Welt gut geschaffen. Das Leid machte er nicht. Das ist eine gemeinsame Produktion von Mensch und Satan. Aber Gott bedient sich nun dieses Produktes. Wenn er Leid zuläßt – auch Leid, das der betreffende Mensch nicht selbst verursacht hat –, dann kommt es aus Gottes Hand immer auch als ein Segen, der unsere Heiligung zum Ziel hat. Und diese Sicht nenne ich meinen Heiligungsoptimismus.

Er ist mehr als nur ein Stückchen Hoffen: »Es wird schon alles gut.« Wir dürfen wissen, daß Gott diese Schöpfung, diesen vergammelten Globus, wirklich in seiner Hand hält, und daß er damit macht, was er für gut hält, gut für den heilsbedürftigen Menschen. Das sind meine Erfahrungen, die ich auch gerne so weitergebe.

Aber ich kenne auch das andere Leid. Ich dachte früher: Wenn ich komme und jemandem in seelischen Schwierigkeiten helfe, dann ist ihm geholfen. Ich war früher sehr sicher, daß meine therapeutischen und seelsorgerlichen Kenntnisse, sowohl die im Studium erworbenen als auch die, die der Herr mir geschenkt hat, völlig ausreichen.

Doch das war ein Irrtum. Ich habe Menschen Hilfe angeboten, und der Herr mußte mir sagen: »Du hast dich schuldig gemacht.«

Es waren mehrere. Ich brauchte ihre Vergebung.

Das hat mich sehr verwirrt: Menschen, denen ich helfen wollte, klagten mich an: Er wurde an mir schuldig.

Das ist das schlimmste: helfen zu wollen und auch meinen, helfen zu können, aber das Hilfsangebot so falsch einzusetzen, daß es einen Menschen eher zerstört. Das kann geschehen, wenn ein Mensch von seinem Seelsorger abhängig wird, obwohl dieser sich einbildet und dem andern auch versichert: »Du wirst von mir nicht abhängig!«, aber doch unbewußt alles tut, daß solche Menschen abhängig werden, die ihm so viel abverlangen, daß er mehr gibt, als er hat: sich selbst, der doch einem anderen gehören sollte! Das sind schmerzhafte Erfahrungen, die ich machen mußte, um besser helfen zu können. Aber dann auch die Erfahrung, daß Christus wirklich Heilung gibt.

Da ruft jemand an und sagt:

»Hier ist eine junge Frau, die kann sich nicht mehr bewegen. Ich bin ganz sicher, das ist ein psycho-somatischer Fall.«

Ich denke, die Frau braucht eine Beichte. Ich spreche mit ihr. Nach den ersten zwei Gesprächen beginnt sich alles zu lockern, und nach fünf Gesprächen dürfen wir sehen, wie sich die gesamte Motorik wieder normalisiert.

Das sind Erfahrungen, die sehr froh machen, die aber auch leicht dazu verführen, sich selbst für den Macher zu halten, weil man ganz schnell vergißt, Gott die Ehre zu geben, und zwar auch der dankbaren Frau gegenüber.

Und es gab tatsächlich solch eine Phase, in der ich mich als eine Art Cheftherapeut von St. Pauli gesehen habe. Da hat mich der gnädige Gott aber ganz schnell vom schwankenden Sockel meiner Einbildung heruntergeholt.

Gnädig nenne ich das, weil er nicht zusah und wartete, bis ich fiel. Er gab mir Hilfen – an solchen erlebten Hilfen lernte ich helfen. Deshalb war auch dieses Erlebnis wichtig. Es ist überstanden, aber es war schlimm.

Mit Christus zu den Nachbarn

Ich war noch keine zwanzig, als ich zu einer Synodensitzung der Evang. meth. Kirche fuhr. Der Quartiermeister entschuldigte sich bei mir und sagte:

»Es tut mir furchtbar leid, ich muß dich mit einem ganz alten Bruder zusammenlegen.«

Bei dem hatte er sich schon vorher entschuldigt: »Ich muß dich mit einem ganz jungen zusammenlegen.«

Ich kam dann mit Richard Lupp ins gleiche Zimmer, einem Pastor aus Leer in Ostfriesland, der jetzt schon lange im Ruhestand ist. Ich erzählte ihm von meiner Arbeit in St. Pauli, worauf er sagte:

»Hör mal, du mußt zu mir nach Leer kommen. Ich brauche dich zur Evangelisation.«

In meiner Einfalt fuhr ich dann als noch nicht 20jähriger nach Leer in Ostfriesland zu meiner ersten Evangelisation und erlebte dort, daß Gott einen Aufbruch schenkte. Ich erlebte, daß junge Leute zum Glauben kamen. Ich erlebte dort auch, daß junge Leute zu mir sagten: »Mensch, ich helfe dir in St. Pauli!« Und da wurde die Idee der Wohngemeinschaft geboren.

Ein Jahr später war ich wieder im Oldenburgischen. Wir hatten dort eine »Jugendglaubenskonferenz«. Diese Konferenz hatte eine 50jährige Tradition, die aber abgebrochen war. Auch hier wurden junge Leute zu missionarischen Diensten motiviert. Eine ganze Reihe sind mittlerweile auch Pastoren und Missionare geworden, und diese Evangelisation war keine Ein-Mann-Show; es hatten viele mitgearbeitet.

Ich interviewe sehr gerne. Ich stelle dann viele Fragen und nehme auf diese Weise die jungen Leute auch mit ins Programm. So kann es vorkommen, daß ich mitten in der Predigt mein Beispiel nicht erzähle, sondern heraufhole und selber erzählen lasse. Das übte ich in Leer und Oldenburg.

Diese ersten beiden Evangelisationen haben eine Fülle

von weiteren nach sich gezogen, so daß ich heute von den unterschiedlichsten Gruppierungen eingeladen werde. Nicht immer ist mit einem solchen Dienst auch die geistliche Gemeinschaft beim Abendmahl verbunden. Wenn da eine katholische Kirche schreibt: »Wir erleben zur Zeit in unserer Gemeinde einen geistlichen Aufbruch; wir würden uns freuen, wenn Sie kommen könnten, auch wenn es uns leider nicht erlaubt ist, Sie zur Teilnahme an der ebenfalls vorgesehenen Messe einzuladen«, ist das deutlich genug. Aber ich komme, wenn auch mit wehem Herzen, daß ich da zwar predigen, am Mahl des Herrn aber nicht teilnehmen darf. Auch bei manchen exklusiven »Brüdern« habe ich das erlebt, wo man dann eine ganze Woche evangelisiert und dann nicht zum Tisch des Herrn darf. Aber das sind Ausnahmen. In der Regel gehen viele Türen auf, und man erlebt die Gemeinde Jesu als eine geistliche Einheit.

Ich evangelisiere nie allein, sondern komme mit einem Team. Denn ich halte nicht viel von einer Evangelisationswoche mit täglich einer einzigen Evangelisationsversammlung am Abend; der ganze Tag muß ein Evangelisationsprogramm sein: morgens in der Schule, nachmittags auf der Straße und in Kinderstunden, dann abends die Versammlung und nach der Versammlung eine Art Teestube; wir erleben es immer wieder, daß die meisten Fremden noch Zeit haben, wenn um neun Uhr die Veranstaltung zu Ende ist.

Wenn man wie wir regelmäßig in die Kneipen geht, stellt man fest, daß ab 9 Uhr das Publikum sich ändert: Es kommen die, die Zeit haben und das Alleinsein zu Hause scheuen. So erleben wir häufig erst im Anschluß an die Abendversammlung den wichtigsten Teil der Evangelisation: das persönliche Gespräch, das Nachhaken, auch ein Stück Befragtwerden. Und nun ist natürlich auch Zeit zur Gebetsgemeinschaft. Auch parallel zu diesen Abendgesprächen betet meistens eine Gruppe für uns. So erleben wir Evangelisation als Herausforderung.

Da sein ist alles!

Eigentlich hatte ich nie ins Rauhe Haus gehen wollen, um mich dort zum Sozialarbeiter und Diakon ausbilden zu lassen. Mein Vater wollte, daß ich »etwas Gescheites« lernte und hätte es am liebsten gesehen, wenn ich mich für einen praktischen Beruf entschlossen hätte. Handwerklich ist bei mir aber leider nichts drin, so habe ich mich schweren Herzens entschlossen, in die Brunnenstube der Inneren Mission, nach Hamburg, zu gehen.

Am ersten Sonntag führte mich ein Studienkollege nach St. Pauli. Gleich an diesem Tag erkannte ich, daß Gott mich dort haben will. Als ich das alte Haus der Heilsarmee sah (links war ein Gemüseladen drin und rechts ein Möbelladen, das Ganze machte einen ziemlich verwahrlosten Eindruck), bekam ich eine tiefe Gewißheit, daß dort einmal eine Beratungsstelle entstehen würde, eine alkoholfreie Gaststätte und Möglichkeiten, den tief Gefallenen zu helfen. Gott machte mir sofort klar, daß es die Menschen St. Paulis sind, zu denen er mich gesandt hat. Und mit dem Kennenlernen der Heilsarmeeoffiziere und -soldaten wurde rasch klar, daß eine Einbindung in diese urmethodistische Organisation auch die notwendige Begleitung und Anleitung für mich gewährleisten würde.

Zuerst konnte ich dieses Erkennen nicht glauben, und ich wollte es prüfen. Ich wollte sicher sein, daß ich nicht einem meiner spontanen Gefühle auf den Leim ging. Aber je aktiver und praktischer ich die Ideen, die diesem Wissen folgten, in Praxis umzusetzen suchte, desto gewisser wurde ich, und so ist es nur konsequent, daß wir in den zwanzig Jahren, die ich jetzt hier bin, eine kontinuierliche Fortentwicklung erleben.

Ich werde oft gefragt: »Hast du eigentlich ein Konzept?«

Ich kann dann nur antworten: »Ja: Da sein!«

Das war von Anfang an mein Konzept. Denn dieses »von Christus ausgesandt« ist alles; der Rest kommt dann fast von selbst, auch diese frohmachenden Erfahrungen, daß nämlich die Zusagen Jesu gelten und daß wir überall auch Menschen treffen, die ihn lieb haben und die nun ebenfalls erleben: Wir werden gebraucht.

Die Erlaubnis

Gleich zu Beginn des Dienstes schenkte Gott einige deutliche Erlebnisse.

Ich gehe durch die Stadt. Es ist Samstag morgen, und ich bin unterwegs, um einzukaufen. Da sehe ich ein Gerüst. Die Fassade eines Geschäftshauses soll wohl neu gestrichen werden. Ich denke: Von da oben könntest du eigentlich gut predigen. Aber dann sage ich mir: Nee, es geht nicht. Erstens kann ich nicht singen und zweitens habe ich keine Bibel dabei. Ich gehe also weiter.

Als ich im U-Bahn-Schacht bin, fällt mir ein: Ich habe ein kleines Neues Testament von den Gideons dabei. Nun ja ... »Herr, wenn es sein muß«, bete ich, »dann gehe ich zurück; dann predige ich halt. Aber daß ich nicht singen kann, ist nicht meine Schuld.« Darunter leide ich nämlich, denn ich singe sehr gerne, nur leider nicht gut.

Ich gehe also zurück in die Spitaler Straße, werde nach anfänglicher Angst ganz guten Mutes, was wiederum kein Wunder ist, da Gott immer bei denen ist, die ihm gehorchen, und es war gewiß nicht meine Idee, hier heraufzusteigen.

Ich hoffe, daß das Gerüst mich trägt, und steige hinauf. Ich lese den 23. Psalm. Während ich lese, kommt eine Diakonisse heraufgestiegen und hinter ihr steigt ein schwarzgekleideter Mann hoch, der Stadtmissionar Werner Huhnke. Mir lacht das Herz. Da unten sammeln sich die Leute. Es mögen hundert sein.

Ich interviewe die Diakonisse. Ich frage:

»Schwesterle, warum sind Sie hier?«

Da erzählt diese Frau: »Ich werde morgen nach Bangladesh gesandt. Aber gerade, während ich durch die Spitaler Straße gehe, habe ich den Herrn gebeten: ›Laß mich doch in Hamburg, wo ich zum Glauben kam, noch einmal irgendwelchen Leuten sagen, was du für mich getan hast.‹ Und wie ich das dem Herrn sage, sehe ich Sie da oben stehen und habe gedacht: Der Bruder braucht mich.«

Danach interviewe ich den Stadtmissionar, doch ich komme nicht weit, denn schon beginnt der gute Bruder mit lauter Stimme zu predigen, und ich merke: Aha, der kennt und liebt die Straßenpredigt! Mittlerweile ist Werner Huhnke längst bei seinem Herrn, und ich möchte ihm an dieser Stelle für seine brüderlich-väterliche Liebe danken. Er war es, der mich dann später in die deutsche Evangelistenkonferenz eingeführt hat und mir immer in großer Treue zugewandt war. Von ihm habe ich für die Evangelische Allianz auch die Verantwortung für die Telefonkurzpredigt übernommen. Ich verdanke ihm viel. Doch dies war Jahre später. Jetzt, während er laut und klar predigt, kommt ein Mann von der Firma, der das Gerüst gehört, herauf und fragt:«

»Haben Sie die Erlaubnis?«

Und ich sage: »Jawohl!«

Er: »Woher?«

Ich: »Von ganz oben!«

Er: »Entschuldigung!« Und steigt wieder runter.

Ich sehe die Leute da unten stehen. Erstaunt bin ich, wie sie zuhören. Gerade der 23. Psalm eignet sich hervorragend für die Predigt auf der Straße. Denn wer von uns – denen, die da reden, und denen, die da zuhören – kennt sie nicht, die dunklen Stunden, die Nöte, die Sorgen, das dunkle Tal, das Elend um mich herum und in mir. Wie gut, daß ich da von Jesus Christus, dem guten Hirten reden kann, der das Elend auf sich nimmt. So wird das uralte David-Lied zur Botschaft für heute und zur Einladung Gottes: »Wer zu mir kommt, der wird für immer ein Zuhause haben!« Als wir fertig sind, verabschiede ich mich von meinen beiden »Mitarbeitern« und danke ihnen herzlich und gehe in das Geschäft, um mich vorzustellen. Sofort fragt der Geschäftsführer: »Haben Sie wirklich die Genehmigung von unserer Direktion in Dortmund?«

»Nein«, sage ich, »von meiner Direktion im Himmel.«

Die Kleiderkammer – hier wird manches vergammelte Kleidungsstück durch ein sauberes »neues« ersetzt.

Von dieser Firma bekommen wir bis heute für unsere Kleiderkammer die gesamte Schaufensterkollektion, nur weil damals ein 20jähriger Student gehorsam war und gepredigt hat – mit großer Angst!

Es ist eben nicht so, daß mir das leichtfallen würde. Ich habe vor jedem Straßeneinsatz enorme Angst, denn es flogen schon mal Steine. Es kam auch schon mal ein Nachttopf mit Inhalt herunter – in zwanzig Jahren einer, das kann man ja verkraften. Gott hat Erlebnisse über Erlebnisse geschenkt, und diese Erlebnisse sind so vielschichtig, daß ich nur danken kann.

Traurigkeiten

Da ruft mich ein Minister an und sagt:

»Meine Tochter ist wahrscheinlich Prostituierte geworden. Wir wissen nicht wo. Können Sie sich um sie kümmern?«

Ich bitte ihn um ein Bild. Er schickt es mir. Ich suche diese Frau und finde sie auch. Ich sage zu ihr:

»Ihr Vater läßt Sie grüßen.«

Da steigt der Haß in ihr hoch. Die Augen sind voller Wut und Verachtung.

»Hat er Ihnen auch gesagt, was er mit mir gemacht hat?«

»Er hat es mir nicht gesagt«, antworte ich. »Aber ich bin sicher, ich weiß es.«

»Wann kann ich mit Ihnen reden?« Ich mache einen Termin mit ihr aus. Sie ist noch nicht vollends in Zuhälterhänden. Einen Tag später kommt sie.

Inzwischen sitzt der Vater in meinem Arbeitszimmer in St. Pauli. Er gibt zu, was er in großer eigener Not seiner Tochter angetan hat. Es kommt zu einer Versöhnung. Die Frau ist heute in der Schweiz. Der Vater ist schon verstorben. Deshalb kann man so etwas erzählen. Sie haben beide Vergebung erhalten und haben angefangen, wirklich aus dem Glauben zu leben.

Wohl die meisten unserer Prostituierten in St. Pauli haben irgendwann einmal in der frühen oder späten Kindheit eine Vergewaltigung erlebt. Deswegen war es für mich wichtig zu lernen, für diese Frauen ein Stück Bruder zu sein.

Der doppelte Ruf

Die Heilsarmee hat sozusagen einen doppelten Ruf: Einerseits wird sie sehr geschätzt und andererseits sehr wenig gemocht. Das geht so weit, daß eine unserer Schwestern von ihrem Vater hören mußte: »Es wäre mir lieber, du wärest drogenabhängig, als jetzt bei der Heilsarmee.«

Ein anderer Vater, Mitglied des Kirchenvorstandes, sagte zu seiner Tochter, die bei uns ein diakonisches Jahr leistete: »In dem Jahr brauchst du nicht nach Hause zu kommen.« Hinterher war wieder alles in Ordnung. Aber dieses Jahr in der Heilsarmee hat er nicht akzeptiert mit der schlichten Begründung, er wolle nicht, daß seine Tochter in so einem seltsamen Verein arbeite.

Ich muß zugeben, daß mich solche Einstellungen schmerzen. Andererseits hat die Heilsarmee den Ruf: Ihre Leute gehen dahin, wo die anderen nicht mehr hingehen – das tun wir wirklich, damit folgen wir dem Ruf Jesu, der ja auch dorthin ging, wohin seine anständigen Zeitgenossen nicht gingen, um sich nicht schmutzig zu machen.

Als William Booth die Heilsarmee gründete, war sie eine junge, dynamische Bewegung, während sie heute eine weltweite Organisation ist, die natürlich auch an ihrer eigenen Tradition zu tragen hat. Es ist für mich immer wieder ein Wunder, daß diese »alte Dame Heilsarmee« so charmant und beweglich geblieben ist und unser Team mittlerweile als einen Teil ihrer Arbeit in Deutschland nicht nur akzeptiert, sondern dankbar angenommen hat. Daß dies in Verbindung mit der Kirche geschieht, aus der die Heilsarmee entstanden ist, macht mich immer wieder besonders froh. So habe ich eine Fülle von Freiheiten, denn so sagten Kirche und Heilsarmee immer: »Du darfst alles tun, wenn es uns nichts kostet!« Und mittlerweile können wir wirklich sagen: Der Herr sorgt für uns, wir werden direkt von ihm bezahlt. Diese Abhängigkeit macht ausgesprochen froh, wenn sie auch immer wieder aufregend und spannend ist.

Oft sagen meine Frau und ich: »Herr, wir wissen hier nicht weiter. Das ist deine Sache, bitte entscheide du.« Und dann erleben wir, wie er es tut. Auf ganz eigenartige Weise hat uns Gott in die Medienarbeit geführt. Mittlerweile sind in 10 Jahren 16 meist kurze Filme über unsere Arbeit entstanden. Nie habe ich das gesucht, sondern immer kamen die Fernsehgesellschaften von selber und legten uns ihre Ideen vor. Unser erster Film »Jesus in St. Pauli«, der am 1. Mai 1976 erstmals ausgestrahlt wurde, hat uns viele Türen geöffnet.

Es war uns immer ein Anliegen, Christus zu dienen, wo er uns Möglichkeiten schenkte, und so haben wir die Arbeit in Rundfunk und Fernsehen, aber auch ganz persönlich immer wieder gerne getan. Dazu gehören sowohl Rundfunkansprachen in öffentlich-rechtlichen und in Privatsendern, wie vor allem Statements in Unterhaltungsmagazinen, vom Deutschlandfunk angefangen bis zum RTL. Daß Gott immer wieder auch Möglichkeiten gibt, im Evangeliumsrundfunk oder in der Rundfunkmission der Evangelischmethodistischen Kirche zu sprechen, macht mich froh. Ich will diese Dienste gerne und fröhlich tun.

Wenn man mit offenen Augen durch diese Stadt geht, bleibt es nicht aus, daß einem immer wieder neue Ideen kommen, wie man der wachsenden Not in unseren Großstädten abhelfen könnte. Dann fange ich auch manchmal an zu spinnen. Gerade in diesen Tagen denke ich, wir sollten ein therapeutisches Zentrum haben, in das wir Notfälle aufnehmen könnten, Menschen, die woanders nicht mehr aufgenommen werden können. Wir haben erlebt, daß die bestehenden Einrichtungen mit manchen unserer »Patienten« überfordert sind.

Ich weiß nicht, ob Gott hier nicht mal Türen auftut. Doch als wir kürzlich ein Haus angeboten bekamen, mußten wir ablehnen. Wir haben nicht die Kraft dazu. Das heißt auch, daß wir auf das Wort des Herrn hören müssen, der sagt: Überschlagt die Kosten! (Und nicht etwa: Überschlag dich selber!)

So werden wir ständig geübt und üben auch willig. Das Neueste ist eine Imbißstube in St. Pauli. Wir hatten eigentlich vor, eine in der Nachbarschaft zu mieten. Jetzt kamen unsere Brüder auf die Idee, die Imbißstube im eigenen Haus zu eröffnen. Und wir haben Platz, denn das Haus ist groß und ganz winkelig verbaut. So kann man mit einigem architektonischem Können schon etwas machen. Einige begabte ZDLer wollen sich da heranwagen.

Also, an Ideen fehlt es nicht. Ich denke, daß die Heilsarmee in vielen Städten so etwas machen könnte, denn die Mitarbeiter sind vorhanden, und das Geld ist auch da: Es kommt, sobald es nötig ist.

Es ist noch viel zu tun

Die Hamburger Heilsarmee hat Mut bewiesen, als sie dieses Team aufnahm. Das war am Anfang sehr schwierig. Bei aller Freundschaft der Freikirchen, bei allem Gerede von Allianz – wenn einer auf die Idee kommt, sich ausgerechnet der Heilsarmee anzuschließen, ist die Hölle los! Es war nach hundert Jahren der Trennung zwischen der Methodistenkirche und der Heilsarmee das erste Mal, daß solch eine Verbindung aufgebaut wurde, und man wußte eigentlich nicht, wie man das rechtfertigen und organisieren sollte. Ich selber dachte ja zunächst nur an eine Gastrolle und dachte nicht im Traum daran, daß so etwas längerfristig sein könnte. Und wenn ich heute gefragt werde: »Was hast du denn vor? Wie soll es denn weitergehen?«, dann muß ich ganz fröhlich sagen: »Ich weiß es nicht.«

Ich denke zum Beispiel, daß wir eine Ausbildungsstätte für Sozialarbeit bräuchten. Wir bräuchten dringend eine Schule für Leute, die so etwas machen wollen. Bisher ist da noch nichts in Sicht, aber ich denke, manche Bibelschule sollte einen vernünftigen Zweig Sozialarbeit anhängen.

Ich werde häufig von Bibelschulen zum Unterrichten gerufen. Ich bin da gerne, aber ich habe oft auch den Eindruck, daß man dort sehr in der Theorie hängen bleibt. Am schlimmsten finde ich es immer, wenn der Bibelschüler fertig ist und sich einbildet, er wäre jetzt Theologe, und dabei völlig vergißt, woher er kommt. Das ist bei Leuten des zweiten Bildungsweges sehr oft das Problem. Sie erreichen den Handwerker, aus dessen Stand sie kommen, nicht mehr, weil sie nicht mehr Handwerker sein wollen, sondern »Pastoren« und Redner. Das ist eine Not. Was wir heute brauchen, sind, wie Wolfgang Dyck gesagt hat, nicht Priester, die Arbeiter werden auf Zeit, sondern Arbeiter, die Priester auf ewig werden.

Ich denke, das ist etwas, was wir noch üben müssen.

Beim Ansehen unseres ersten Fernsehfilmes erlebte ein junger Mann, der vorher zehn Jahre im Gefängnis in Butzbach einsaß und zum Glauben gekommen war, seine Berufung in die Heilsarmee. Er wurde Heilsarmeeoffizier und leitet nun das Korps einer westdeutschen Großstadt. Dieser Mann hat wirklich erlebt, wie Christus ein Leben neu macht und wie Christus ihn umgewandelt hat.

Alles hat seine Geschichte

Oft werde ich gefragt, warum ich in der Evang.-meth. Kirche als Pastor bleibe, während ich für die Heilsarmee arbeite. Diese Frage zu beantworten ist ganz einfach: Als ich nach Hamburg kam, kannte ich außer der Kirche meiner Eltern, in der ich auch zum Glauben gefunden habe, keine anderen kirchlichen Organisationen. Meine Eltern haben mir zwar die Liebe zu allen Heiligen sehr ans Herz gelegt, und in der Evangelischen Allianz fühlte ich mich zu Hause, doch nur als Mitglied der Evang.-meth. Kirche, und ich hatte nie daran gedacht, sie zu verlassen.

Als ich dann intensiver in der Heilsarmee mitarbeitete, war es mein damaliger Gemeindepastor Woldemar Lein, der mich sehr ermunterte, beides miteinander zu verbinden. Er konnte so nett sagen:

»Weißt du, die Heilsarmee wäre für unsere Kirche dringend nötig, und ich könnte mir auch vorstellen, daß die Heilsarmee ein Stück mehr Gemeinde und Kirche braucht!« Deshalb ermutigte er mich sehr, Verbindungen zu knüpfen.

Als dann immer mehr junge Leute kamen, die mir in St. Pauli halfen – vorwiegend kamen sie aus der EmK, aber auch aus anderen erwecklichen Kreisen –, bildeten wir einen missionarischen Ausschuß, in dem EmK und Heilsarmee paritätisch vertreten waren. Über das Jugendwerk der EmK bekamen wir erste Zuschüsse und konnten auch eine Sozialarbeiterin anstellen. Spätestens als die Wochenbesucherzahlen in St. Pauli größer wurden als die in der eigenen Gemeinde, stellte sich natürlich dem Gemeindevorstand die Frage, ob es jetzt nicht an der Zeit wäre, ihren Pastor ganz in die Arbeit auf St. Pauli zu entsenden; damit kam es auch zu der weiteren Frage, ob ich ganz zur Heilsarmee gehen sollte. Dem stand entgegen, daß die Heilsarmee mich unter keinen Umständen von meiner Kirche abwerben wollte: »Wir fischen doch nicht in fremden Karpfenteichen!« war das Argument von Majorin Karin Nowosatka, die, als ich Heilssoldat werden wollte, fröhlich bremste, bis dann die Gewißheit da war, daß es nun mein Auftrag sei, Soldat in den Reihen der Armee zu werden. Die Majorin ist heute am Nationalen Hauptquartier für die Jugendarbeit zuständig. Wir beide schmunzeln immer wieder darüber, daß Gott diese damalige Entscheidung gesegnet hat.

Ich besuchte einen Jugendtag, war Student im 3. Semester und wartete nur darauf, daß einer von der Heilsarmeeleitung sagen würde:

»Bruder Fischer, verlassen Sie Ihr gottloses Studium und folgen Sie dem Heiland auf dem schmalen Weg als

Heilsarmeeoffizier!« Doch keiner tat es, ganz im Gegenteil. Sie forderten mich alle auf, nicht fahnenflüchtig zu werden und meine Ausbildung zu beenden. Vieles in der Entstehung unseres Teams wäre ohne die Anbindung an die Kirche nicht möglich gewesen, und die missionarische Arbeit in St. Pauli wäre nie entstanden, wenn es die Heilsarmee nicht gegeben hätte. So sehe ich mich als einen kleinen Brückenkopf zwischen den beiden Bewegungen, die aus dem Methodismus entstanden sind, und freue mich, wenn Gott dies auch in der Zukunft so nützt. Als ich die Heilsarmee kennenlernte, hatte sie ein ziemlich verstaubtes Image, und ich bin ganz froh, daß Gott uns ein bißchen staubwischen ließ!

Sehen muß man auch die notvolle Tatsache, daß die größten Heilsarmeetruppen im Osten lagen. Nach 1945 waren die Ostgebiete verloren, alles war zu Ende, und 1953 wurde die Heilsarmee in der DDR zur unerwünschten Organisation erklärt. Der Wiederaufbau in der Bundesrepublik ging in den ersten zehn Jahren ausgesprochen gut voran; dann kamen die üblichen Nöte.

Nach dem anfänglichen intensiven Neuaufbau überrollte die Wohlstandswelle auch die Heilsarmee. Viele junge Christen, die leidenschaftlich auf die Offiziersschule der Heilsarmee drängten, haben kurze Zeit später die Heilsarmee verlassen, auch weil sie woanders besser Karriere machen konnten, und jahrelang krebste dann die Ausbildungsstätte der Heilsarmee mit zwei oder drei Schülern vor sich hin. Daß wir heute wieder zehn, fünfzehn junge Christen in der mittlerweile gemeinsam mit anderen europäischen Ländern geführten Ausbildungsstätte in Basel haben, ist ein Wunder. Zum gesunden Aufbau eines Werkes des Reiches Gottes brauchen wir aber hingegebene Christen aller Bildungsschichten, und es ist immer wieder mein Gebet, daß Gott die richtigen Leute zur Heilsarmee schickt, und gelegentlich kann ich auf einem Jugendtreffen schon im Brustton der Überzeugung ausrufen: »Die Heilsarmee in Deutschland wird eingehen, wenn ihr nicht kommt!« Doch wird Belebung nur möglich sein, wenn Gottes Geist weht, und wenn er die Erweckung in jedem von uns beginnt und wir es ihm zutrauen, daß er handelt.

Wer keine Zeit hat, braucht Geduld

Zu dieser Geduld verhalf mir Ungeduldigem ein Erlebnis, als ich heiratete. Ich wollte für meine Frau den Brautstrauß kombinieren. Ich ging also zu einer Floristin in Württemberg und sagte ihr, wie ich mir den Strauß vorstellte, und sie machte ihn wunderschön. Ich sah ihn mir von allen Seiten an, bis mir klar wurde, was da fehlte: eine Orchidee! »Ich habe aber keine mehr«, bedauerte sie. Doch dann sah ich hinten im Laden eine stehen und fragte:

»Könnte man die nicht nehmen?«

»Die ist aber noch gar nicht offen«, wendet sie ein.

»Ja, kann man die denn nicht aufzupfen?«

Die Floristin fragt mich im reinsten Schwäbisch: »Was habe Sie denn für einen Beruf?«

»Ich bin Pfarrer.« Da schlägt die Frau die Hände über dem Kopf zusammen und ruft:

»Aber Herr Pfarrer, Sie müsse doch wisse, was Knospefrevel ist!«

Daran denke ich oft: Wir müssen uns – und allen anderen – einfach Zeit lassen.

Aber praktisch haben wir keine Zeit. Die Heilsarmee hat in ihren Heimen Leute einstellen müssen, die keine gläubigen Christen waren; sie hatte aber auch kein Konzept, wie sie junge Christen zu solchen Aufgaben heranbilden könnte.

In unserem Männerheim hier in Hamburg will kaum ein gläubiger Sozialarbeiter arbeiten. Zugegeben: Diese Arbeit ist natürlich auch nicht attraktiv. Aber hat sie nicht Sinn?

Wir erleben Ähnliches jetzt im Heilsarmee-Krankenhaus in Berlin-Zehlendorf, einem geriatrischen Krankenhaus: Keine gläubige Krankenschwester will dahin.

Das macht mir Not. Sterbekliniken können so deprimierend sein, daß die dort arbeitenden Pfleger und Pflegerinnen nur schwer durchhalten. Eine unserer Mitarbeiterinnen, Krankenschwester von Beruf, die dort Urlaubsvertretung machte, sagte zu mir:

»Dankmar, ich gehe ab und zu hin, wenn du mich hinschickst. Aber wenn du mich wirklich für immer dort haben willst, dann sage ich nein.«

Hier kommt mehr und mehr Leitungsverantwortung auf uns zu. Bisher konnte man, je kleiner das Team war, desto mehr gemeinsam leisten. Je mehr dann dazu kamen, desto mehr mußte geführt werden, und ich kann nicht behaupten, daß mich diese Entwicklung begeistert. Während der Studentenrevolte meinten wir, wir könnten alles gemeinsam leisten, und ich habe seitdem immer von einer biblischen Basisdemokratie geträumt. Aber ich lese in der Bibel: ». . . und es sprach der Heilige Geist, sondere mir aus Barnabas und Silas.« Und gerade das ist es, was der junge Mensch nicht will! Und doch braucht eine große Gruppe Führung. Und die Sterbenden brauchen Begleitung. Und die Christen müssen sich aus ihren Sesseln erheben und mitarbeiten, damit die jungen Leute nicht überfordert werden.

Es ist eine ungeheure Aufgabe, hilflose Leute zu begleiten. Wenn nun bei Sterbenden ein pflegerischer Dienst zu tun ist, dann ist er auch körperlich so hart, daß wir das nicht einer kleinen Gruppe von Dienstwilligen überlassen dürfen. Ich bin gespannt, wie Gott uns hier weiterführt. Da wird sicher etwas kommen.

Wenn wir irgendwo sind, dann kommen die Leute. Warum kommen sie wohl? Um den Dankmar Fischer und sein Team zu sehen? Nein!

Ich denke, Gottes Ernte ist nicht von den Personen abhängig. Ich denke auch, es ist eine Frage der Ganzhingabe und die Frage des Einsatzes. Unsere heutige Jugend will keine Halbheiten. Wir haben das Beste der Welt anzubieten, und ich denke oft: Wenn wir diese jungen Leute haben, die da kommen und hören und sich einsetzen wollen, warum nützen wir diese wunderbare Chance nicht für sein Reich?

Die Wege der Väter nicht kopieren, aber sie kapieren

Ich meine schon, wir müssen Wege finden, das Evangelium im neuen Stil zu sagen, aber dabei dürfen wir die alten Methoden nicht vergessen. Straßenpredigten kommen dort an, wo die Leute sind. Straßenpredigten sind eine »Einrichtung« für die Großstadt, für die Fußgängerzone. Die Predigt müßte dann auch so gehalten werden, daß die Leute stehenbleiben und zuhören. Das tun sie in dem Augenblick, wo einer etwas zu sagen hat. Dazu gehört auch ein Stück Training. Wir haben immer festgestellt: Wenn jemand ein Jahr hier bei uns war, der kann es hinterher. Ich glaube, daß das stimmt.

Der Schuhmacher, der meine Schuhe flickt, kann das eben; wenn sein Sohn sie repariert hat, dann drücken die Schuhe hinten und vorne. Bei meiner Schuhgröße ist das nicht nur Sache der Technik. Das ist eine Frage des Könnens. Und da erklärt mir der 60jährige alte Meister: »Ja wissen Sie, mir macht mein Beruf Spaß. Aber mein Sohn hat nicht so viel Lust. Und das spürt man dann; die Nähte sitzen halt nicht so.«

Ich denke, im geistlichen Bereich ist es nicht anders. Das Evangelium kann man nur predigen, wenn es in einem selber rumort.

Oft denke ich: Wenn die Heilsarmee nicht wirklich neue Wege geht, dann wird sie da enden, wo sie angefangen hat: auf dem Friedhof. William Booth hat das gesagt. Er hatte ja sein erstes Evangelisationszelt auf einem alten Friedhof stehen.

Ich habe es erlebt, daß junge Leute mich fragten:

»He, kannst du kochen?«

»Natürlich«, sagte ich, »wenn man gerne ißt wie ich, dann kann man auch kochen.«

»Kannst du uns das Kochen beibringen?«

»Gerne, das kann ich schon. Aber wieso könnt ihr nicht kochen?«

»Ja«, sagte der eine, »ich bin im Kinderheim großgeworden, da konnte man nie kochen. Die letzten drei Jahre waren Jugendhaft, da ging es auch nicht.«

Sie kamen. Wir haben Spiegeleier gebraten. Nach dem Essen habe ich eine Bibelarbeit gehalten, und als wir dann fertig waren, fragte der eine mich:

»Kann ich nächste Woche wiederkommen und meinen steilen Zahn mitbringen?!«

Ich dachte ans Gebiß, ich konnte mir gar nicht vorstellen, was er meinte. Er erklärte:

»Das ist ein Langhaardackel: meine Freundin.«

Ich mußte mich erst in dieser Terminologie zurechtfinden.

Damals war meine Renate gerade zu Besuch, wir waren verlobt, und sie sagte:

»Ach, ich mach etwas mit dem Mädchen. Laß sie nur kommen.« Wir kochten, Renate und das Mädchen haben sich irgendwie miteinander beschäftigt. Als wir mit dem Kochen fertig waren, begannen wir mit der Bibelarbeit. Und heute hat Frau Major Schollmeier einen Jugendkreis mit 40 Leuten, die regelmäßig kommen. Wir nehmen biblische Bücher durch im Kurssystem, dazu kommen inzwischen ein Englischkurs, Billardspielen, Tischtennis, Singen, und nach dem gemeinsamen Essen gibt es dann einen gemeinsamen Schluß, meist eine biblische Betrachtung. Und Jugendliche, die keine Ahnung von Gott und der Bibel haben, kommen und machen mit.

Aber was wir hier in Hamburg auf St. Pauli machen, das könnte man überall machen. Deshalb: Wenn die Heilsarmee das tut, was dran ist, dann kann gar nichts schiefgehen.

Man kann das auch allgemeiner sagen: Wenn die Christen das tun, was dran ist, dann kann gar nichts schiefgehen.

In Nürnberg zeigt die Heilsarmee ein faszinierendes Modell. Wir haben dort ein Haus mit 200 Plätzen, mittlerweile christliche Wohngemeinschaften für Rehabilitanten. Da passiert wirklich was. Auch in den Werkstätten, in denen sie arbeiten – wirklich, ein großes Wunder! Man kann Dinge tun, wenn Gott den Mut dazu schenkt. Ich habe ganz große Hoffnungen, wenn junge Christen bereit sind, sich zu engagieren.

Ich sehe das vielleicht ein bißchen zu blauäugig, aber unser Denken ist auch ein Beweis dafür, daß Gott in den nächsten Jahren etwas tun wird: Wir stehen deutlich vor einer Erweckung.

Helfer gesucht!

Wir leiden darunter, daß die örtlichen Gemeinden nicht genug mitarbeiten. Aber wenn eine Gemeinde »funktioniert«, dann wirkt sich das auf das ganze Stadtviertel aus. Wir sehen das am EC in der Löfflerstraße, in der Nähe von Alt-St. Pauli in Altona.

Die Leute kamen fünf Jahre lang an jedem Donnerstag nach der EC-Stunde zu uns nach St. Pauli in die Coffeebar. Sie kamen regelmäßig. Aber nach diesen fünf Jahren war ihnen die Puste ausgegangen. Sie sagten, dieses Engagement mache ihnen die Jugendarbeit kaputt. Da hatten sie natürlich vollkommen recht. Wenn man mit dem Jugendkreis um halb zehn fertig ist und man muß dann nach St. Pauli flitzen, um bis 11 Uhr noch dabei zu sein, dann ist es mit der Gemeinschaft vorbei. Sie können nicht mehr miteinander reden und klönen, so daß ich sie verstanden habe. Aber seit dieser Kontakt unterbrochen ist, bin ich oft sehr traurig, denn sie waren uns eine große Hilfe. Auch meine eigenen Gemeinden in Ellerbek und Fuhlsbüttel haben früher mehr als heute mitgeholfen.

Es kamen auch gelegentlich mal Geschwister aus Pastor Kopfermanns St. Petri-Gemeinde.

Wir hatten einen Theologiestudenten, der ein Praktikum bei uns machte. An einem Abend war er ein bißchen verzagt. Er fragte sich: Lohnt sich das hier überhaupt alles? Er saß in unserer Coffeebar.

Da spricht ihn ein Mann an, der ihm gegenüber sitzt, und der Mann fragt, ob er denn wirklich glauben würde, daß neues Leben möglich sei. Sie sprechen den ganzen Abend miteinander. Am Ende des Gesprächs sagt der Mann:

»Sag mal, wo ist hier eigentlich der Mülleimer?«

Erstaunt sagt unser Mitarbeiter: »Da hinten in der Ecke, aber was soll ich hintragen?«

»Nein, das muß ich schon selber tun, aber sorge dafür, daß sich niemand daran verletzt!«

Der Mitarbeiter geht mit dem Mann zum Mülleimer und sieht zu, wie ein großes scharfes Messer in den Mülleimer fliegt.

»Damit wollte ich heute nacht jemanden umbringen«, sagt der Mann, gibt ihm die Hand und verschwindet.

Wir wissen nach solchen Erlebnissen oft nicht, was aus den einzelnen Leuten wird, aber wir sehen, daß Menschen zum Nachdenken kommen. Auch jener Mann, der sich herzlich für unsere Freiversammlung bedankt. Da hätte er von Christus gehört, und zwar so eindringlich, daß er bis zum Ende der Versammlung dabei geblieben sei. Er sei Christ, gehöre zu einer Gemeinde in Süddeutschland. Aber in dieser Nacht hätte er vorgehabt, sein Leben in St. Pauli zu beschmutzen, und das täte ihm jetzt leid. Es habe ihm geholfen, uns zu sehen und zu hören, und danach hätte er umkehren müssen und wäre in sein Hotelzimmer zurückgegangen.

Gott sei Dank!

Du und Deine Welt

Heiderose Schubert ist Frau eines Heilsarmeeoffiziers, Mutter von 4 Kindern, gelernte Krankenschwester, seit vielen Jahren engagiert in der Sozialarbeit der Heilsarmee. Heute leitet sie zusammen mit ihrem Mann Günter das Heilsarmee-Krankenhaus für Geriatrie in Berlin.

Als sie noch in Hamburg stationiert waren, erlebte sie beim Besuch der großen Einkaufsmesse »Du und Deine Welt« eine Berufung: Sie fragte sich, warum in der Fülle der Informationsstände aller möglichen Organisationen vom Roten Kreuz bis zum Arbeiter-Samariter-Bund, von den Verbänden der Kleingewachsenen bis zum Verband alleinerziehender Väter und Mütter die Heilsarmee nicht vertreten sei. Sie schrieb an die Messeleitung und bekam zu ihrem eigenen Erstaunen eine Einladung, doch im nächsten Jahr mitzumachen. Der heilsarmeeinterne Bürokratieschimmel wieherte ein wenig aufgeschreckt, und es gab viele »wenn« und »aber«, doch dann beteten wir gemeinsam. Nie werde ich vergessen, wie Heiderose Schubert rief: »Ich habe dafür gebetet, und ich weiß, daß es unser Auftrag ist!«

Dann bekamen wir unseren Stand. Als wir ihn aufbauten, waren wir gespannt, wie die Leute reagieren würden. Die Messeleitung hatte gesagt, wir dürften nicht missionieren, sondern nur informieren. Also informierten wir.

Wir stellten einige Holzspielsachen aus, die in unserer therapeutischen Männerwerkstatt entstanden waren, und konnten so Menschen erklären, daß es Leute gibt, die jahrelang nicht mehr gearbeitet haben und dann wieder ihre Fertigkeiten einzuüben beginnen. Ich erzähle dann immer diese Geschichte, die mich so tief bewegt hat:

Ein junger Mann hatte im besoffenen Zustand bei der Bundeswehr einen Hubschrauber geklaut. Er kam nicht weit. Noch bevor er richtig gestartet hatte, holten ihn die Feldjäger heraus, und er ging einige Jahre in den Bau. In unserem Männerheim begann er langsam, aber sicher wieder zurechtzukommen, und freudestrahlend brachte er mir zur Ausstellung einen Hubschrauber und sagte: »Früher habe ich ihn geklaut, jetzt bau ich ihn mir aus Holz.«

Wenn ich diese Geschichte den Besuchern auf der Messe »Du und Deine Welt« erzählte, staunten sie immer und freuten sich mit, daß Gott es immer wieder schenkt, daß Menschen, die zu Ruinen geworden sind, neu werden. Das ist ja überhaupt Gottes Eigenart, daß er ruft, was nichts ist.

Nach der Versetzung des Ehepaars Schubert nach Berlin versuchten wir in Hamburg dann gemeinsam, die Verantwortung für den Messestand zu tragen. Frau Major Schollmeier entwarf ein Quiz, das die Themen unserer Ausstellung aufnahm. So hieß z.B. eine Frage: Wer gründete die Heilsarmee? Und so konnte man ankreuzen: General Motors, General Busch, General Booth. Als Preise winkten kleine Werbegeschenke, die wir selbst im Lauf der Zeit geschenkt bekamen. Mit manchem Messebesucher führten wir intensive Gespräche.

Menschen in Not brauchen Menschen

In unserer Telefonseelsorge ruft ein Mann an und sagt, seine Frau sei gestorben und er hätte gar keine Lebenshoffnung mehr. Ob ich nicht kommen könne. Ich fahre dann hin. Er erzählt mir sehr vieles, und dann bittet er mich, daß ich ihn in sein Gartenhaus bringe. Auf dem Weg dorthin habe ich das Gefühl, es passiert irgend etwas. Wir betreten das Gartenhaus, und da sehe ich, daß er nach etwas greift. Ich bin schneller und habe nun die Pistole in der Hand, mit der er sich umbringen wollte.

Solche Erlebnisse zeigen, daß manche Menschen in Krisensituationen es allein einfach nicht schaffen. Aber wenn dann einer da ist, der sie festhält und ihnen im Namen Jesu sagt: »Ich lasse dich nicht«, dann kann es dazu kommen, daß irgendwo in ihrem Innern dieses verloren geglaubte Körnlein Hoffnung wieder keimt. Ich habe die große Hoffnung, daß wir als Christen das neu lernen: da zu sein, wo man uns braucht. Die Hand an den Pulsschlag zu legen und zu wissen: Da muß etwas getan werden – zur Beruhigung, zur Ermutigung, zum Trost, zur Wahrheitsfindung... Diese Stadt Hamburg hat so viele Punkte, wo Christen gefordert sind.

Es kommt ein Anruf von der Polizei. Sie bitten mich, einem bekannten Hamburger Arzt mitzuteilen, daß seine 13jährige Tochter am Hauptbahnhof mit einer Überdosis Heroin liegt. Sie hat sich den goldenen Schuß gesetzt. Tot.

Ich gehe dahin. Ich sage das dem Mann, und dieser Vater sagt:

»Gott sei Dank, daß die Schande verreckt ist.«

Ich bin wütend und erschrocken. Ich will mit dem Mann reden. Aber es ist nicht möglich. Der Mann fragt:

»Würden Sie sie beerdigen?«

»Ich tue das«, sage ich und gehe.

In der Friedhofskapelle sitzt die gutbürgerliche Arztfamilie dort vorn auf der rechten Seite, auf der linken sitzen die Freunde des Mädchens aus der Szene, Punker und ähnliche, ein bunter Haufen.

Während ich predige, fällt mir auf, daß diese jungen

Leute mir wirklich am Mund hängen, wie sie mitgehen, wie sie zuhören; und ich sehe, wie die Arztfamilie immer versteinerter wird. Nach der Beerdigung bedankt sich der Mann und sagt:

»Sie können ja auf dem Seelenklavier der jungen Leute ganz toll klimpern!«

»Ach«, sage ich, »ich hätte aber so gerne Ihr Herz erreicht!«

Da sagt der Mann lächelnd: »Das habe ich nicht nötig. Ich bin promoviert.«

Ich kann solche Erlebnisse nicht vergessen. Solche Rücksicht auf die eigene soziale Stellung, die sich in diesem Fall zu geradezu dümmlicher Arroganz entwickelt hatte, erstickt jede Bereitschaft zu gegenseitiger Annahme, zu Vertrauen. Die so verunsicherten jungen Leute brechen aus. Aber wenn ihnen dann das Evangelium gesagt wird, die gute Botschaft von dem Menschensohn, der keiner Versuchung nachgab und der gegenüber jeder sozialen Schicht immer derselbe geblieben ist, dann ist es immer wie im Gleichnis vom vierfachen Ackerfeld: Etliches fällt auf gutes Land, etliches fällt daneben. Wir sind froh, daß Gott uns immer wieder auch gute Frucht schenkt und daß die Nöte von St. Pauli dazugehören.

Hier im Hause hat uns ein junger Mann geholfen, den Fußboden zu legen. Einige Wochen später kommt er zu Christus, und wieder einige Wochen später hören wir, daß sein Kopf neben seinem Körper liegend auf der Reeperbahn gefunden wurde. Man weiß bis heute nicht, wie das passiert ist, wer ihn umgebracht hat. Aber ich war von Herzen froh, daß ich bei der Beerdigung dieses jungen Mannes sagen konnte: »Er ist im Frieden mit Gott heimgegangen.« Die Umstände sind erschreckend. Die Grausamkeiten in diesem Viertel werden immer härter. Die Brutalität nimmt zu, aber auch die Feigheit. Während früher auch ein Zuhälter einmal zugab, was an Bosheiten in ihm ist, erleben wir heute eine Oberflächlichkeit, die schon notvoll ist – die

Blutlache wird weggewischt, man tanzt wieder auf der Stelle, wo gestern der Tote lag.

Der starke Mann?

Ich werde manchmal gefragt, ob man nicht sehr stark sein muß, um das alles durchzuhalten, da eben auch körperliche Kraft dazu gehört, und ob ich nicht ein Sonderprodukt für solche anstrengenden Dinge sei.

Ich muß bei solchen Fragen immer in mich hineinlachen. Denn bevor ich hierher kam, hatte ich mit meiner Figur immer Schwierigkeiten. Aber für St. Pauli hat der liebe Gott wohl Maßarbeit geleistet, für dieses Pflaster sind die fast zwei Meter wahrscheinlich ganz richtig. Doch das ist die Fassade. In Wirklichkeit lebe ich von dem Wort, das der Herr dem bedrängten Paulus sagt: Meine Kraft ist in den Schwachen mächtig. Und ein Licht, das leuchten will, muß sich verzehren. Ich denke, wir müssen hier auch den Mut haben zu sehen, daß unser Leben, wenn es zur Ehre Gottes gelebt wird, auch ein verlöschendes Leben ist. Von daher kann ich nur Mut machen, zur Ehre Gottes und nicht zur eigenen mit der ganzen Intensität der uns verliehenen Kräfte zu leben. Und weil das ein so volles und reiches Leben ist, tun mir die Gemeinden leid, die sich nur zur Selbsterbauung sammeln (was natürlich auch wichtig ist!), die sicher auch gute Impulse durch die Predigt bekommen, aber seltsamerweise nicht den Impuls, solche Situationen auf sich zu nehmen. Es sagt sich so leicht: »St. Pauli ist überall, Christus ist auch überall – also . . .« Nein, leider nicht. Wo sich Christi Leute entziehen, ist alles anders.

Ich war acht Jahre Gemeindepastor, und in meiner Gemeinde ist es mir nicht gelungen, einen missionarischen Impuls zu zünden. Die Leute kamen, sie hörten mich ganz gerne. Am Heiligabend kam auch regelmäßig der Herr

Zwei Meter Länge garantieren noch keinen starken Mann

Bürgermeister, bedankte sich »für die gute Predigt« und garantierte mir, daß ich ihn im nächsten Jahr am Heiligabend wiedersehe. (Welch ein Trost!) Aber es ist mir nicht gelungen, die Menschen in ihrer gutbürgerlichen Situation so zu erreichen wie die in St. Pauli. Ich denke, das ist auch eine Frage des persönlichen Auftrags und der Platzanweisung Gottes. Ich habe mir St. Pauli nicht gesucht. Er hat mich dahin geschickt.

Aber wenn eine Gemeinde in einer Stadt ist, dann hat Gott mit dieser Gemeinde sicher einen Plan, und dann geht es nur noch darum, daß diese Gemeinde erkennt: Was will Gott jetzt von uns?

Wenn die Gemeinden vor zwanzig, dreißig Jahren oder vor hundert Jahren ihren Auftrag hatten, dann hat Gott diesen Auftrag in aller Regel nicht weggenommen, sondern er hat neue Aufträge dazugegeben.

Wenn diese Gemeinden das aber nicht gesehen haben, sondern sich in der warmen Gemeindeatmosphäre wohlfühlten und, um jeden Luftzug zu vermeiden, Fenster und Türen dicht verschlossen hielten und sich dann nur noch mit sich selbst beschäftigten, dann wird Gott das tun, was in der Offenbarung so erschreckend beschrieben wird: »Dann werde ich deinen Leuchter wegstoßen.«

Deswegen meine ich, daß die Gemeinden ganz neu erwachen müssen. Und sie tun's. Wir erleben, daß Gott immer wieder Aufbrüche schenkt, zwar im kleinen, aber doch so, daß man spürt: Er ist da.

Deshalb mache ich mir um die Zukunft der Gemeinde Jesu wenig Sorgen. Wenn wir nur treu sind! Wolfgang Dyck hat oft vom »Tik« geredet: Treue im kleinen. Wenn Gott uns das geschenkt hat, daß wir im kleinen treu sind, wenn wir nicht große Projekte *wollen*, sondern die kleinen Schritte *tun*, dann wird es auch wirklich weitergehen.

Wenn einer betet

Wir haben zu einer ganzen Reihe Hamburger Gemeinden einen guten Kontakt. Eine dieser Gemeinden hat lange überlegt: Wie und wann erreichen wir die Menschen am besten? Und sie fanden heraus: am Sonntag morgen. Dann haben sie einige Male Sonntag morgens einen evangelistischen Gottesdienst gehalten mit dem Resultat, daß sich zwölf Leute bekehrten, zwölf Männer und Frauen, die im Laufe der Zeit durch die Arbeit der Gemeinde mit dem Evangelium vertraut wurden, diese Menschen kennenlernten, die ihnen das Evangelium vorlebten, und sich dann entschlossen, sich dieser Gemeinde anzuschließen.

Wir haben dann ein wenig nachgeforscht, was diese Leute bewogen haben mochte, Christen zu werden, und stießen auf das Gebet eines alten Predigers in der DDR. Er betete seit vielen Jahren für eine Frau aus dieser Gruppe, und jetzt, als sie 54 Jahre alt war, kam sie endlich zum Glauben und brachte ihre ganze Familie mit, so daß von den zwölf Täuflingen sieben aus einer Familie kamen.

Das war ein Aha-Erlebnis sondergleichen auch für diese kleine Gemeinde. Der Beter ist heute hochbetagt. Aber Gott hat ihn die Erfüllung seiner Bitte noch erleben lassen.

So bin ich immer wieder froh zu sehen, daß auch in kleinsten Gemeinden der Satz stimmt: Es geht, wenn man geht.

Dienst an einer verlorenen Generation

In dieser Gemeinde »ging« man mit der Frage um: »Wie erreichen wir die Menschen?« Wir müssen heute damit rechnen, daß, nachdem so viele Kinder aus dem Religionsunterricht an den Schulen ausgeschieden sind, diese Kinder völlig atheistisch aufwachsen. Da es sich mit einem leeren

Himmel aber schlecht leben läßt, strecken diese inzwischen jungen Erwachsenen ihre Fühler nach allem aus, was ihnen die Religionen bieten. Sie stellen sich ein Menü zusammen, mit dem sie meinen leben zu können, und der Verkündiger der guten Botschaft Gottes hat nun die schwere Aufgabe klarzumachen, daß das Evangelium nicht die Sahne aufs Eis ist, sondern daß der Gott der Bibel mit seinem Absolutheitsanspruch vor ihnen steht – absolut in der Liebe, in der Gerechtigkeit, in der Gnade, in allem.

Angesichts dieser Tatsache werde ich immer wieder gefragt, was sich da in der Verkündigung grundlegend ändern müsse. Ich denke, wir müssen uns einfach fragen: *Wo* erreichen wir die Menschen? Und ich meine, daß es da einige wichtige Plätze gibt.

Die Zukunft gehört meines Erachtens der Straßenpredigt. Die Leute sind neugierig und bleiben stehen, wenn man sie mit der Predigt bei ihrer Neugierde packt.

Ich glaube, daß ein weiterer wichtiger Ort das Haus ist. Daß nur die Zeugen Jehovas von Haus zu Haus gehen, finde ich wirklich schlimm. Der Hausbesuch ist deshalb auch erschwert, denn die Leute halten einen, ohne einem Zeit zu lassen, den Irrtum aufzuklären, für einen Sekten-Vertreter und schlagen einem die Tür vor der Nase zu. Deshalb müssen wir Gott um Weisheit bitten, daß er uns hilft, gute Boten seines Evangeliums zu sein. Wir müssen bereit sein, die uns gemäßen Formen zu finden. Wer also nicht auf der Straße predigen kann, der soll eine andere Möglichkeit suchen.

Wir haben vor einigen Jahren entdeckt, daß die Leute plötzlich ganz aufgeschlossen waren, als wir Blumen verteilten, an denen eine Spruchkarte hing. Auf die Weise kamen wir mit den Leuten ins Gespräch.

Man muß wirklich Ideen entwickeln. Bei einer Dorfevangelisation in der Nähe von Würzburg haben die Geschwister eingeladen, in dem sie ein Bonbon und den Einladungszettel in Krepp-Papier einwickelten – Klorollen mußten dafür herhalten. 400 Haushaltungen hat das Dorf, 400 solcher Einladungen gingen raus, und die Leute kamen.

Das kann man in der Großstadt nicht machen, aber dort kam das an. Es war mal etwas Neues, das war eine Idee.

So täte Nachdenken und Neues Ausprobieren beim Einladen gut. Das merkte man im Amt für Gemeindedienst auch, wo man sich des Telefons bediente.

Neu anfangen!

So hieß eine Aktion, die in verschiedenen Stadtteilen Hamburgs durchgeführt wurde, und die mich sehr froh gemacht hat. Eigentlich fehlte ihr die evangelistisch-missionarische Spitze, denn es geht um persönliche Gespräche, um Hauskreise und so um die Hinführung zur Gemeinde. Mir scheint dies ein Auftrag zu sein, der in unseren Tagen dran ist. Aber die Menschen haben eben ganz unterschiedliche Empfindungen. Denen das Evangelium von Christus auf verschiedene Weise zu sagen, ist ganz wichtig. Im Rückblick stellten wir fest: Wo nach dem Telefon- und Briefkontakt auch der Besuchskontakt und dann ein Hauskreis zustandekamen, ist es zu sehr guter Arbeit gekommen. Manches ging auch daneben, aber das erlebe ich bei mir und meinen Evangelisationen auch. Daß es möglich war, in einer solchen Stadt wie Hamburg eine solche Aktion überhaupt durchzuziehen, war für uns alle etwas sehr Frohmachendes. Aber es zeigt auch, daß die Gemeinde Jesu sehr vielschichtig ist.

Auf der Suche nach Geborgenheit

Mich plagt der Gedanke an Menschen, die in seelischen Nöten sind. Ich würde ihnen gerne ein Stück Geborgenheit anbieten, ein Zuhause, was etwas anderes ist als ein Heim. Mich quälen die Not-wendigkeiten, aber ich sehe noch keine Möglichkeiten. Viele unserer Männer können einfach nicht allein leben. Man müßte für sie etwas schaffen können. Ein Heim im Stil der allgemeinen Heimunterbringung ist da nicht das Geeignete. Ein therapeutischer Bauernhof wäre etwas. Wir haben einmal ein solches Haus angeboten bekommen, doch uns fehlten dafür noch die Mitarbeiter und das grüne Licht vom Herrn.

So erbeten wir hier wirklich jedes Ding, das wir brauchen, von Gott, und er hilft. So betete ich vor Jahren: »Herr, gib uns doch für die Heizung Thermostate!« Und schon kommt eine Gemeinde und sagt: »Wir haben zehn Brüder, die können sowas.« Und sie kamen und haben uns mit Thermostaten versorgt. Oder die Fenster. Morgens kommt ein Bruder, der eine Fensterfabrik hat, und der sagt: »Ich kann sie euch nicht schenken, aber ich kann sie euch so preiswert geben, wie ihr es nirgends kriegt.« Da sind wir froh.

Wenn Menschen so von Gottes – und der Mitchristen – Hilfe abhängen wie wir, dann sehnt man sich manchmal nach einem ermutigenden Zeichen, und ich bin sicher, wenn die Christen stärker zusammenhielten, könnte manches getan werden, was jetzt aus Mangel an Ermutigung unterbleibt.

Da bin ich meinem väterlichen Freund Dr. Fritz Laubach dankbar, dem Vorsitzenden der Deutschen Evangelischen Allianz, der seit Jahren schützend und stärkend seine Hand über mich hält. Das macht mich immer wieder sehr froh. Und gerade in dieser Zeit, in der alles möglich ist und doch so wenig geschieht, leiden junge Christen – und ein bißchen rechne ich mich noch dazu – darunter, daß niemand nach ihnen sieht.

Zum Dienst bereit

Seltsam ist das mit dem Leiden. Ich erlebe es oft, daß Ehepaare unter ihrer Ehe leiden. Und genauso oft sehe ich, daß Singles unter ihrem Alleinsein leiden. Ich muß immer wieder Mut machen, die augenblickliche Situation vom Herrn anzunehmen als die Führung, die der Herr jetzt dem einzelnen als sein Bestes vorgesehen hat.

Ehe hat für mich immer drei Buchstaben EHE: links *Ei*ner, rechts *Ei*ne, in der Mitte der *H*err. Und auch wo das so ist, geht es nicht ohne Probleme. Da muß man sich zusammenlieben, zusammenraufen und zusammenbeten, und die Erfahrung hat gerade auch bei uns hier gezeigt: Ich könnte das, was ich hier tun darf, ohne meine Frau überhaupt nicht tun. Gott hat für mich einfach die Ehe und nicht die Ehelosigkeit vorgesehen.

Ist jemand in die Ehelosigkeit geführt worden, dann hat auch da der Herr das Beste für ihn ausgesucht. Er trägt durch – in jeder Beziehung. Denn es ist da kein Unterschied: Wie der Verheiratete ist auch der Alleinlebende dafür verantwortlich, daß er sich voll in Anspruch nehmen läßt. Beide werden genauso nötig gebraucht und jeder wird auch erleben: Da sind Menschen, die mir zur Seite gestellt sind. Ich finde es deshalb schlimm, wenn die alleinlebenden Frauen in den Gemeinden zwar allerlei Dienste tun dürfen, im übrigen aber auf einem Nebengleis stehen. Das ist so unsinnig, zeigt aber, daß diese Gemeinden nicht begriffen haben, wie Führung aussieht.

Eines meiner negativen Erlebnisse auf diesem Sektor hatte ich als Kind während des Missionsfestes eines Diakonissenhauses. Ich hörte einen Mann leidenschaftlich beten, daß der Herr doch jetzt, an diesem Nachmittag, junge Mädchen in die Diakonissenschaft berufe. Danach rief er auf, nach vorn zu kommen, wer sich angesprochen wisse, und da geht seine Tochter nach vorn. Als der Mann sie kommen sah, sagte er laut und vernehmlich:

»Du doch nicht, du hast doch Abitur!«

Ich war zehn, ich war noch nicht gläubig, aber dieses: »Du doch nicht, du hast doch Abitur!« werde ich nie vergessen, weil das der Schlüssel ist. Wer geht schon in die Diakonie, wenn er Karriere machen kann!

Es liegt auch viel an den jungen Frauen selbst, wenn sie aus ihrem Leben nicht das machen, was Gott aus ihrem Leben machen will. Sie sind zum Teil ja so auf die Ehe fixiert, daß ihnen gar nicht der Gedanke kommt, was alles an Aufgaben und damit an wichtigen Erfahrungen auf sie wartet, wenn sie sich aufmachen und in den Dienst an Menschen, die sie brauchen, eintreten.

Sprechen wir zu wenig vom Leiden? Wir hier sehen viel Leid – Leid, das sich der einzelne selbst antut, viel Leid, das ihm andere angetan haben oder weiterhin antun. Aber wir erfahren an uns selbst, daß es auch bei uns ohne Leiden nicht geht. In der Ehe wird man nicht ohne Leiden reif, und als Eheloser wird man auch nicht ohne Leiden reif. Und in jedem Stand kann man einiges tun, was man im andern nicht tun kann – und umgekehrt. Man muß wirklich Gott fragen. Ich glaube, wenn ein Mensch nach Gottes Willen fragt, dann ist er gut dran. Dann kann er auch getrost entscheiden, weil er sich im Willen Gottes weiß.

Und die Antwort war Liebe

Ich war fünfzehn. Sie saß auf der Orgelbank, und ich hörte sie spielen. Sie konnte alles, was ich nicht kann. Sie hat mit sechzehn schon den Chor geleitet. Sie hielt die Sonntagsschule, sie hatte einfach Begabungen auf Gebieten, die ich nicht hatte, und ich war mir ganz sicher: Der Herr gibt sie mir.

Sie ließ mich sieben Jahre zappeln. Sie war in einer kleinen Methodistengemeinde zum Glauben an Christus gekommen. Die Predigersfrau in der Nachbarschaft hatte immer wieder zur Jungschar eingeladen. Renate kam und blieb dort hängen. Später in der Sonntagsschule. Und außerdem spielte sie eben die Orgel! In den Ferien, die ich bei meinen Großeltern verbrachte, hörte ich sie spielen und wußte: Die werde ich heiraten. Unvorsichtigerweise äußerte ich das auch zu Hause. Mein Vater gab mir daraufhin die letzte Ohrfeige meines Lebens, weil er meinte, das wäre viel zu früh. Aber als er uns dann Jahre später getraut hatte, fand er es doch ganz gut – die Ohrfeige hatte er vergessen.

Für mich gab es in dieser Sache keine Diskussion. »Wenn der Herr will, daß sie zu uns kommt, daß wir hier den gemeinsamen Weg gehen, dann wird er das machen«, dachte ich oft, als ich in St. Pauli arbeitete und studierte und mich nach ihr sehnte.

Ich habe um sie geworben, indem ich sie ins schmutzige Wasser von St. Pauli warf. Darunter hat sie gelitten, und ich habe das in meiner Dickfälligkeit nicht gemerkt. Das tut mir heute noch leid. Ich war in einer Sturm- und Drangphase.

Wir waren noch nicht verlobt, als ich sie auf eine Wirtschaftsmission mitnahm und mit ihr durch die schlimmsten Kneipen ging. Ich bin damals ganz bewußt in diese Kneipen gegangen, denn ich sagte mir: Wenn sie das nicht aushält, dann habe ich mich getäuscht. Aber ich war sicher, ich hatte mich nicht getäuscht!

Ich war voller Spannung: Denn eigentlich hatte ich es nicht für möglich gehalten, daß sie hier in St. Pauli gleich mitmachen würde. Aber ich war überzeugt: Wenn sie erst einmal sieht, was für missionarische Möglichkeiten wir hier haben, dann beißt sie voll an.

Und das ist auch passiert.

Beim ersten Besuch ging sie mit mir durch die Hafenkneipen – und hatte zunächst noch große Mühe, den »Kriegsruf« zu verteilen. Aber als sie dann merkte, daß wir hier Menschen erreichen, die man anderswo nicht erreicht, begann sie mich gut zu verstehen. Sie trug mit mir und betete für mich, und dann hat sie unsere älteste Veranstaltung gegründet: am Sonntag nachmittag das offene Kaffeetrinken mit den Stadtstreichern. Sie meinte, das müßten wir unbedingt einmal probieren. Und dann kamen 60 zur ersten Kaffeestunde! Seit 18 Jahren besteht nun diese Kaffeestunde, und sie ist eigentlich so die Erfindung meiner damaligen großen Liebe, späteren Verlobten und jetzt meiner Frau, die immer noch meine große Liebe ist.

Sie ist die Seele von dem Ganzen hier. Mich könnte man herausnehmen – die Arbeit würde nicht kaputtgehen. Nehmen Sie Renate heraus: Die Arbeit ist kaputt. Nicht nur, weil sie die gesamte hauswirtschaftliche Leitung hat, sondern weil eigentlich alles über sie läuft.

Ein Mitarbeiter sagte vor einiger Zeit zu mir: »Ich mag dich, aber deine Frau ist mir lieber!« So scheint es den anderen auch zu gehen. Ich habe in den siebzehn Jahren gelernt, damit zu leben, und bin sehr, sehr froh darüber.

Unsere Familie ist mit der Wohngemeinschaft hier gewachsen und diese mit uns. Am Anfang lebten die jungen Leute in dem Pastorat von Ellerbek, am Stadtrand von Hamburg, wo ich Gemeindeprediger war. Erst war einer da, dann zwei, dann vier, und als der Fünfte kam, war Schluß. Mehr Platz als für fünf Mitarbeiter gab's nicht. Das ging von 1972 bis 1981, und erst seit 1981, als wir wirklich durch ein Wunder dieses Haus geschenkt bekamen, hat sich die Wohngemeinschaft vergrößern können.

Sonntag morgens hielt ich in Ellerbek Gottesdienst, abends waren wir auf der Reeperbahn. Als mich 1981 die Methodistische Kirche der Heilsarmee auslieh, wir also unseren Wegzug von Ellerbek vorbereiteten, sagte man in der Gemeinde: »Pastor Fischer kann ja ruhig gehen, aber er soll wenigstens seine Frau dalassen.« Sie war die Gemeindemutter. Und nun trug sie diesen Aspekt in die Arbeit von St. Pauli, wo man eine Mutter so dringend nötig hatte. Ich ließ sie also nicht in Ellerbek zurück.

Der Entschluß, mit ungeteilter Kraft der Heilsarmee zur Verfügung zu stehen, war richtig, aber wir faßten ihn mit wehem Herzen. Die alten Vorurteile verursachten den Schmerz – die Heilsarmee und ihre Methoden waren immer ein wenig suspekt. Doch jetzt sind wir froh, daß alles so wurde.

Renate hatte das Heilsarmee-Korps hier manchmal heftig kritisiert, während ich als Predigerkind ohnehin ein bißchen »gemeindegeschädigt« war, mich aber über ihre Kritik zuweilen wirklich entsetzte. Doch dann änderte sich alles. Wir fanden in dem Korps in der Talstraße genau das, was man in einer Gemeinde finden kann: Lasten und Lastenträger, Seelsorger und Seelsorge-Suchende, die frohen Gottesdienste und das Gespräch mit den Abgeschriebenen unseres Reviers.

Parallel zur Schenkung des Hauses hier in der Manteuffelstraße gab Gott uns in St. Pauli, im Heilsarmeehaus, noch jene Wohnungen, die wir in Eigenleistung zur Beratungsstelle umgebaut haben. Auch dort war göttliche Maßarbeit am Werk.

Wenn wir uns vorstellen, wir müßten heute mit vier bis fünf Mitarbeitern in St. Pauli arbeiten – das wäre undenkbar. Aber es war sicher auch gut, daß es solch einen kleinen Anfang gab.

Und auch unsere Familie begann nur zögernd zu wachsen: Nachdem uns Gott erst nach sieben Ehejahren ein Kind geschenkt hatte, erlebten wir, daß weitere Kinder kamen; das hatten wir gar nicht mehr erwartet.

Aber zunächst führte uns Gott durch eine sehr tiefe und ernste Krise. Unser zweites Kind Raphael ist nach drei Tagen gestorben. Das hat uns sehr mitgenommen. Es war ein großes Leid. Für mich war der Tod Raphaels sozusagen der Fingerzeig Gottes: Man muß auch für seine Familie da sein. Das hatte ich bis dahin so nicht gesehen. Meine Frau und ich lieben uns sehr. Wir wollten den Dienst gemeinsam tun, und der Dienst war für uns immer wichtiger als alles andere.

Heute erleben wir, daß beides zusammengehört: Beruf und Familie. Und daß beides auch Teil der geistlichen Berufung ist – die Verantwortung füreinander und für die Kinder steht der Verantwortung für Gemeinde und Welt nicht nach – es sei denn, daß eine Berufung für Ehelosigkeit vorliegt; dann liegen die Dinge natürlich anders.

Obwohl wir alles gemeinsam machen wollten, machte mir der Tod Raphaels doch oft Angst, daß wir bei unseren Kindern etwas versäumen könnten. Renate denkt das zuweilen auch jetzt noch, aber inzwischen haben wir doch gelernt, den Tag so einzuteilen, daß die Kinder zu ihrem Recht kommen. Wir nehmen die Mahlzeiten jetzt in der Familie ein. Das ging uns anfänglich gegen den Strich, weil das gemeinsame Essen auch immer eine Informationsbörse ist; man hörte, was los war. Aber das ging auf die Dauer nicht – die Unruhe war für die Kinder zu groß. Wir haben auch einen »Familientag«: den Freitag abend (wenn ich nicht unterwegs bin!), wo ich mich den Kindern widme. Auch montags, wenn meine Frau ins Musikkorps geht, bin ich bei den Kindern. Wir haben das so langsam gelernt. Schwierig wird es sonntags, weil dann vieles zu tun ist. Aber Gott hat uns immer einige Mitarbeiterinnen geschenkt, die sich gern mit den Kindern beschäftigen – und auch das ist sinnvoll für alle Beteiligten.

Abends lassen wir es uns – nach Möglichkeit – nicht nehmen, daß wir die Kinder gemeinsam ins Bett bringen. Ich lese ihnen auch etwas vor. Wenn der Papa da ist, dann erzählt er eine von seinen selbsterfundenen Geschichten, die sind natürlich viel, viel spannender als die, die wir sonst vorlesen. Das ist häufig der einzige richtige Ruhepol für die Kinder; sie haben den Papa einmal ganz für sich. Diese Zeit nehmen wir uns, wenn es irgend geht. So gibt es täglich zwei Ruhepunkte: die gemeinsamen Mahlzeiten und das Ins-Bett-Bringen, beides muß den Kindern uneingeschränkt gehören.

Eine Gemeinde, die anders ist – Landeplatz für Kaputtgegangene

Die Kirche Jesu Christi muß ein guter Kamerad sein, ein Landeplatz für kaputtgegangene, heruntergekommene Menschen, auf dem sie Christus begegnen können.

Wer aus anderen Gemeinden zu uns kommt, wird in unseren Gottesdiensten das Abendmahl vermissen. Wir taufen auch nicht; wir selbst sind beide als Kinder getauft worden, haben jedoch unsere eigenen Kinder nicht getauft. Wir haben den Eindruck, daß wir das nicht tun sollten. Wenn eines Tages der Wunsch nach der Taufe kommt, freuen wir uns sehr. Wir haben gute Kontakte zu Hamburger Gemeinden, die diesen Dienst tun.

Im Blick auf das Abendmahl wurde ich durch eine Erfahrung hier sehr ernüchtert. Ich hatte am ersten Weihnachtstag im Rauhen Haus Dienst und wollte deshalb am Heiligabend, einem Sonntag, zum Gottesdienst gehen. Es war nachts gegen zwölf Uhr. Ich fand eine Kirche mit dem Schild »Selbständige evangelisch-lutherische Kirche«. Ich gehe da rein und erlebe einen sehr schönen Gottesdienst. Ein wenig eigenartig war der Weihrauch, ein wenig eigenartig waren die liturgischen Gewänder, doch es war sehr schön. Dann wird zum Heiligen Mahl eingeladen. Ich freue mich darauf und gehe nach vorne. Da fragt mich der Zelebrant:

»Sind Sie Lutheraner?«

In Hamburg erlebte ich es ja, daß wir Freikirchler etwas sind, und so sage ich offen und herzlich:

»Nein, ich bin Methodist.«

Da zieht er die Oblate zurück und sagt:

»Da kann ich Ihnen die Elemente nicht reichen.«

Das war mein Heiliger Abend. Es war furchtbar!

Traurig schlich ich in mein Studentenstübchen.

Am anderen Morgen um sieben hatte die Heilsarmee Christmette. Sie gingen anschließend auf die Straße und sangen Weihnachtslieder. Ich war dabei. Danach tranken wir miteinander Kaffee, und als nun die Kekse gereicht wurden, dachte ich: Das ist jetzt mein Abendmahl. Ich saß zwischen Brüdern und Schwestern. Die Stühle waren hart. An Stelle von Weihrauch mischte sich der Kaffeeduft mit scharfem Schweißgeruch und manchem billigen Parfüm. Aber wir saßen dicht beieinander und freuten uns über die Gaben Gottes – Seinen eingeborenen Sohn in der Krippe, den heißen Kaffee, die Lichter am Baum, die Heilsfreude auf den Gesichtern ringsum. Und seither haben sich mir die Gewichte ein wenig verschoben. Wir haben unseren speziellen Dienst am Menschen, die wirklich keine Ahnung haben, ob nun das Abendmahl so oder so gefeiert werden soll, ob es nun richtig ist, Erwachsene zu taufen oder Kinder, ob es richtig ist, im warmen Wasserbecken oder draußen im strömenden Fluß zu taufen; in diesen Fragen hat die Heilsarmee nur kleines Marschgepäck – und ich bin froh darüber.

Die Gläubigen gehen dort zum Abendmahl, wo man es ihnen reicht, in irgendwelchen Gemeinden. Schon William Booth hat gesagt: »Ich schicke sie nicht, aber sie können gerne gehen.« So würde ich es auch sagen. Denn wir denken, daß die Heilsarmee gut daran tut, nicht Konfession im engeren Sinn sein zu wollen, obwohl sie seit über 100 Jahren besteht und für viele doch die Gemeinde geworden ist, eine geistliche Heimat, die das lebendige Wort Gottes und die »Gemeinschaft der Heiligen« anbietet.

Ich könnte mir kirchenrechtlich nur sehr schwer vorstellen, als Pastor der evangelisch-methodistischen Kirche an eine baptistische Gruppierung für längere Zeit ausgeliehen zu werden. Das ist in der Heilsarmee möglich, weil die konfessionelle Struktur recht einfach ist.

Ich wundere mich manchmal selbst darüber, daß wir hier so heimisch geworden sind. Doch hoffentlich nicht, weil es so bequem ist, zu bleiben, wo man ist? Aber wir können die Pastoren nicht verstehen, die freiwillig eine Gemeinde verlassen, weil es ihnen woanders vielleicht besser gefällt.

Wir sind in der Zeit unserer Ellerbeker Jahre so ganz in der Heilsarmee aufgegangen, daß wir meinen, wir dürften sie nicht verlassen. Die Arbeit in St. Pauli ist gewachsen; so standen wir beide auch immer wieder vor der Frage: Können wir jetzt auch unsere Kirchenleitung bitten: »Versetzt uns nicht! Laßt uns in St. Pauli!«? Weil wir diesen deutlichen Ruf Gottes hören, diese Aufgabe wahrzunehmen?

Als die methodistische Kirchenleitung uns letztendlich vom Gemeindedienst freistellte, uns der Heilsarmee auslieh, wurde dies auch der Anfang dafür, daß das Team mehr und mehr eine Heilsarmee-Einrichtung wurde. Das bedeutete auch für Renate als Pastorenfrau, die ihre Aufgabe in der Gemeinde sah, ein Stück Umdenken. Sie hatte eine Zeitlang große Angst, daß sie nirgendwo mehr richtig hingehöre, denn ihr Gemeindeverständnis war vom Methodismus geprägt. Eine andere Gemeinde in der Nähe zu besuchen, wäre Unsinn gewesen, auch im Blick auf die Kinder. Also konzentrierte sich alles mehr und mehr auf die Heilsarmee in St. Pauli.

Renate Fischer erzählt

Meine allererste Wirtschaftsmission

Ich weiß nicht mehr, in welchem Jahr, aber es war Winter. Es hatte fürchterlich geschneit, und ich wollte Dankmars Arbeit kennenlernen, weil ich nicht urteilen wollte, ohne sie zu kennen. Ich hatte auch noch Schwierigkeiten mit dem *Kriegsruf* und konnte nicht einsehen, warum der *Kriegsruf* Kriegsruf heißt und warum wir ausgerechnet dieses Blatt und keines mit einem aufbauenden Titel wie Friedensglocke oder so ähnlich verteilten. Dankmar hat mir noch erklären müssen, warum das so ist, und dann sind wir miteinander losgezogen.

Ich hatte eine Gitarre dabei, und schon in der ersten Kneipe wurden wir aufgefordert, ein Lied zu singen. Da Dankmar nicht singen kann, habe ich allein gesungen. Aber ich fühlte mich äußerst unwohl in solch einer verrauchten niedrigen Kneipe, wo die Frauen den Männern reihenweise über den Schoß rutschten – das war mir alles vollkommen suspekt. Und dann fragte mich auch noch jemand, warum wir so aggressiv seien und den *Kriegsruf* verteilten.

Ich sagte, was mir Dankmar eben erklärt hatte, konnte aber noch nicht so richtig dahinterstehen.

Aber am Ende dieser Wirtschaftsmission kam er mir vor wie ein Heiliger: daß er da so durchgeht und einfach das bringt, was die Leute brauchen, und auch sagt, was die Leute brauchen! Das hat mich sehr bewegt. Es hat lange gedauert, bis ich das verarbeitet hatte.

Ich habe dann bei uns zu Hause die Heilsarmee besucht und ging auch dort weiter zur Wirtschaftsmission, immer am Samstag abend; das war die einzige Zeit, die ich noch frei hatte, weil ich in unserer Gemeinde sehr engagiert war. Sonntag abends besuchte ich auch ihre Versammlung, um auf diese Weise die Heilsarmee besser kennenzulernen. Ich habe sie da auch lieben und schätzen gelernt.

Eines Tages sprachen mich fremde Leute in diesen Gaststätten an. An zwei Abenden in fünf Gaststätten waren es unterschiedliche Leute:

»Sagen Sie mal«, fing der eine an, »Sie sind jetzt immer so regelmäßig und treu dabei, und man merkt Ihnen auch an, daß Sie überzeugt sind von dem, was Sie singen und was Sie sagen – warum ziehen Sie eigentlich keine Uniform an?«

Da ging mir ein Licht auf. Natürlich, ich mache da immer mit, ich gehöre auch dazu, warum denn nicht auch das äußere Zeichen tragen, daß ich dazugehöre? Dann hat sich alles ganz schnell ergeben: Ich zog die Uniform an und ließ mich als Heilsoldat in das Göppinger Korps einreihen.

Ich arbeitete in meiner Methodisten-Gemeinde natürlich weiter mit. Dabei wurde mir mehr und mehr klar, wie sich die beiden Organisationen ergänzen: Was der eigenen Gemeinde fehlte, fand ich in der Heilsarmee; was ich in der Heilsarmee vermißte, bot meine Gemeinde an. Und weil wir beide – jeder für sich und später auch gemeinsam – sowohl in der Heilsarmee als auch in einer freikirchlichen Gemeinde arbeiteten, meinen wir heute noch, gegenseitige Ergänzung sei nötig und möglich. Ich glaube, in Hamburg haben wir das schon ganz gut geschafft, besonders auch mit Hilfe des Teams und der von dem Major und Frau Schollmeier geführten Heilsarmeegemeinde. Außerdem hat jeder immer auch ein Stück von der eigenen Gemeindeerfahrung mitgebracht.

Unsere andere Erfahrung ist: Wer keine Gemeinde kennt – das gibt es ja auch –, findet in der Heilsarmee seine Gemeinde. Das bestätigt die Gemeinde in der Talstraße, und wir finden das wunderbar.

Aus dem »Tüpfelchen auf dem i« wurde ein großer runder Kreis

Als wir heirateten, sah ich meine Haupttätigkeit, so lange wir keine Kinder hatten, in der Methodisten-Gemeinde Ellerbek. Die Arbeit in der Heilsarmee kam als das i-Tüpfelchen nur dazu. Ich habe zunächst mit Dankmar zusammen das Team aufgebaut – zuerst mit dem Gedanken, junge Leute vielleicht für ein oder zwei Jahre bei uns aufzunehmen und mit ihnen zu arbeiten. Doch dann hat sich das immer weiter entwickelt. Es wurden bald mehr Jugendliche, die ihren Zivildienst in St. Pauli ableisten wollten. Sie wollten helfen, wo sonst niemand hilft. Diese Jugendlichen wurden mir auf ganz besondere Weise anvertraut: Ich sah in ihnen so etwas wie meine jüngeren Brüder und Schwestern. Ich selbst war ja noch jung.

Dann wurden die Aufgaben größer und vielgestaltiger. Die Familie wuchs, und jetzt bin ich für die Verwaltung zuständig, speziell hier im Team. Wir sind einschließlich unserer Familie 22-24 Leute. Da fällt natürlich vieles an: Angefangen von den Krankenversicherungen bis zur kompletten Büroverwaltung, Jahresabschlüsse, Anleitung einer diakonischen Helferin speziell im Büro, Anleitung einer diakonischen Helferin speziell im Haushalt; die Organisation, vom Einkauf angefangen, bis hin zu den einzelnen Einsätzen, auch in St. Pauli (wann, wo und was essen die Mitarbeiter? Was müssen sie mitnehmen? Wie viele Leute werden als Besucher erwartet?).

Ich bin jetzt nur sonntags in St. Pauli in den Versammlungen der Heilsarmee. Ich sehe meine Aufgabe darin, den Mitarbeitern zuzuhören, ihnen Mut zu machen, auch mal das zu sagen, was sie mit sich herumschleppen, weil sie meinen, so dürfe man als Christ weder denken noch empfinden; Dinge, die wirklich bei mir bleiben. Darauf müssen sich z.B. die Offiziere verlassen können. Es ist mir wichtig, vor der Versammlung mit ihnen zu beten, sie abzuschirmen, damit sie vor der Versammlung nicht gestört werden; ich trage die Angelegenheiten im Korps, in der Gemeinde einfach mit und kümmere mich um Leute – seit wir hier in der Manteuffelstraße wohnen, sehr häufig telefonisch. Was mir neben der Familie und diesen Aufgaben noch an Zeit bleibt, gehört meinem Hobby: der Musik. Ich übe mit unseren »Teamlern« das Singen und singe selbst mit im Chor. Aber so ist es wohl für die meisten, die hier in St. Pauli mitarbeiten: Berufung, Bereitschaft, Beanspruchung und Hobby mischen sich zu einem Konglomerat, das die schweren Lasten immer wieder durch die große Freude an dieser gemeinsamen Arbeit ertragen läßt.

Bei alledem steht man natürlich immer in der Gefahr, daß man sich ganz schnell einem neuen Gesicht im Team, einem Besucher, einem Anrufer zuwendet, während eigentlich die Kinder, die allernächsten, einen jetzt am allernötigsten brauchen. Wir Eltern kennen die Gefahr, daß man ein Kind beiseite schiebt – du mußt jetzt warten –, und sich Dingen oder Personen zuwendet, die gerade jetzt warten sollten und warten könnten. Andererseits müssen Kinder das ja auch lernen: zu erkennen, daß jetzt dringende Aufgaben von Mama oder Papa erledigt werden müssen, »nachher aber ist einer von beiden wieder für mich da«. Es kommt zu Grenzsituationen, wo man sich als Mutter fragt: »Habe ich jetzt richtig entschieden«, d.h. richtig gehandelt? Ich stelle mir diese Frage immer wieder, um nicht vor lauter Routine in falscher Sicherheit doch genau das Verkehrte zu tun.

Aber manchmal verbinden auch Kinder mit der beruflichen Aufgabe, gerade wegen ihrer unbefangenen Art, mit Menschen umzugehen. Das merken wir vor allen Dingen hier in der Wohngemeinschaft. Ich glaube, unsere Kinder haben einen großen Vorteil anderen Kindern gegenüber, weil sie lernen müssen, Rücksicht auf andere zu nehmen, die mit im Hause sind. Das müssen andere Familien in großen Wohnhäusern sicher auch, aber hier spielt sich doch alles wie in einer Großfamilie ab. Seit Debora, unser jüngstes Kind, da ist, haben wir zwar unsere Mahlzeiten ganz für uns, um den Kindern ein Stück Kleinfamilie zu erhalten; aber im übrigen sind sie immer dabei. Dabei lernen sie nicht nur Rücksicht zu üben; sie erfahren auch, daß man Rücksicht auf sie nimmt und daß man auf sie eingeht – das ist sehr wichtig. So gibt es einige Nachteile, aber ich glaube, die Vorteile überwiegen, und es liegt dann an uns Eltern, Nachteile wieder aufzufangen. Wenn ein Kind Konzentrationsschwierigkeiten hat, müssen wir es mehr abschirmen, denn immer »voll drin sein«, den ständigen Wechsel von Kommenden und Gehenden, die vielen spannenden Berichte, Freude und Trauer miterleben, kann sehr schnell die kindlichen Kräfte erschöpfen und sogar lähmen.

Wie mit der Erziehung ist es in allen Dingen: Ich kann nie sagen: »Jetzt habe ich es, und so mache ich es.« Man muß ständig flexibel sein. Das macht das Leben hier aber auch sehr spannend. Es macht auch viel Freude. Vermutlich, weil ich fast alles gern tue. Ich würde gerne noch länger im Büro sitzen und alles aufarbeiten. Ich würde auch gerne mal wieder eine ganze Woche lang in der Küche stehen und kochen – und merke dabei, daß ich meine Grenzen habe. Deshalb ist es schon gut, daß ich die meisten Aufgaben hier im Haus habe.

Frauen unter der Blut- und Feuer-Fahne

Die Heilsarmee hat auch eine Frauenarbeit, den Heimbund. Das ist ein Frauenkreis, der sich mittwochs abends um 19.00 Uhr trifft. Es kommen Frauen aller Altersgruppen: junge Mädchen von fünfzehn, sechzehn, siebzehn Jahren bis zu den alten Damen, die sonst keinen anderen Zeitvertreib mehr haben. Hier in Hamburg leitet diesen Kreis die Frau Major Schollmeier. Sie schafft Kontakte in

Hamburg und hat auch selber so gute Ideen, daß diese Abende immer sehr interessant sind.

Wir haben es bei den meisten auch der weiblichen Mitarbeiter wirklich mit Berufungen zu tun. Und ich denke, wenn Gott Frauen auch zu Verkündigungsdiensten beruft, dann wäre es ja wirklich ungehorsam, wenn solche Frauen ihrer Berufung nicht Folge leisteten. Da bietet die Heilsarmee die besten Voraussetzungen, sich in vollem Umfang einzusetzen.

Auf diese persönliche Berufung wird großen Wert gelegt. Allein die Ausbildung läßt solche, die keine persönliche Berufung haben, zu dem Entschluß kommen: Das ist nichts für mich. Es kommen immer wieder schwierige Zeiten, in denen nur noch diese Berufung durchträgt.

Offizier in der Heilsarmee zu werden, ist einer der unbequemsten Wege. Es gibt nur wenige junge Leute, die das alles erst einmal ausprobieren wollen, weil sie zur Zeit nichts anderes wissen. Die Ausbildung in der Offiziersschule Basel dauert zwei Jahre, davor steht in der Regel ein Praktikum, und danach entscheidet es sich dann; nämlich, wenn man allein losziehen muß. Nun zeigt es sich, ob ein Mensch tragfähig ist oder nicht.

Wir selbst sind nicht Offiziere. Wir sind ganz normale Korps-Mitglieder, die aber innerhalb des Korps besondere Aufgaben wahrzunehmen haben. Sie haben mit der Sonderstellung Dankmars als Pastor zu tun, mit diesem besonderen Ruf zu evangelistischem Dienst in Hamburg-St. Pauli. So tun wir zwar das, was Offiziere tun, ohne jedoch selbst Offiziere zu sein. Diese Entwicklung hängt mit dem Aufbau des Teams zusammen. Denn wir haben uns ja nicht vorgenommen: In fünf oder zehn Jahren haben wir dieses oder jenes geleistet – ist das Team dann groß genug, machen wir etwas anderes. Nein, es ist alles gewachsen, eines hat sich aus dem anderen heraus entwickelt, und ich bin gespannt, wie das weitergeht.

So fühle ich mich als Frau voll und ganz ausgefüllt. Ich

fühle mich glücklich an meinem Platz als Mutter und als Ehefrau und als jemand, die gerade hier im Team und auch in St. Pauli Verantwortung mitträgt und – so gut es geht – verantwortlich mitarbeitet.

Aber manchmal zerreißt es mich. Manchmal denke ich, ich packe es nicht mehr, weil zu viele Stränge an mir zerren. Dann besinne ich mich und lasse mich ganz bewußt an den Punkt zurückholen, wo Jesus sagt: »Ruhet ein wenig.« Er sagt es dann zu mir, und ich will es mir auch sagen lassen: »Ruhe ein wenig!«

Wenn es nur ein paar Minuten im Schlafzimmer sind, oder während ich mal kurz bis zur Straße rausgehe und wieder zurücklaufe. Ich brauche dann ein paar Augenblicke, um wieder zur Besinnung zu kommen – nicht um in mich hineinzuhören, sondern um bewußt auf Jesus zu blicken, auf ihn zu hören. Dann werden die Probleme kleiner, die Zerreißproben aushaltbar, die starken Anforderungen verlieren ihren Druck. Sie verschwinden nicht, sie dürfen ja auch nicht verschwinden. Aber mit diesem Blick auf IHN weiß ich wieder: Meine Hilfe kommt von dem Herrn, der Himmel und Erde geschaffen hat, der mich auch in diese Situation hineinstellte, und dazu wollte ich eigentlich immer freudig ja sagen. Wenn es schwierig wird, und solche Zeiten gibt es, muß ich mich bewußt wieder dahin zurückführen lassen.

Leitbilder und was daraus werden kann

In meiner Heimatgemeinde in Göppingen wurde mir ein Pastorenehepaar zu geistlichen Eltern. Sie haben mich ganz entscheidend geprägt: Ich wollte wie diese Pastorenfrau werden. Wie sie ihren Mann in der Gemeindearbeit unterstützte, so wollte ich auch einmal ...

Ich hatte mich mit 13 Jahren bei einer Zeltevangelisation für Jesus entschieden. Nachdem ich dieses Ehepaar dann ein dreiviertel Jahr lang beobachtet hatte, wuchs in mir der Wunsch, ich möchte später einmal einen Mann haben, der ganz in der Reichsgottesarbeit aufgeht. Ich wußte natürlich nicht, was ich mir da wünschte, aber der Wunsch war da und war eindeutig.

Dann trat Dankmar in mein Leben. Ich hatte ihn zuerst gar nicht gewollt, weil er nicht meinen Vorstellungen entsprach. Dieser Riese! Und so lautstark! Es dauerte eine Weile, bis ich wußte, daß wir gemeinsam gehen sollten. Wir waren inzwischen beide etwa achtzehn Jahre alt. In unserer Gemeinde, in der ich inzwischen kräftig mitarbeitete, erlebte ich lebendige Versammlungen. Wir gingen auch nach draußen, um mit den Kindern zu spielen, gingen auch von Tür zu Tür, um Leute einzuladen – aber auf der Straße sich hinstellen und ein Lied singen und progressiv von Jesus erzählen und jeden fragen: »Kennst du Jesus? Hast du den Sinn deines Lebens gefunden?« – das ging mir zu weit. Diese aggressiven Methoden lehnte ich ab – bis meine Mutter eines Tages sagte: »Du kannst doch nicht ablehnen, was du gar nicht kennst!«

Daraufhin habe ich in Göppingen die Heilsarmee besucht, habe auch Dankmar in Hamburg mal besuchen dürfen, als er noch zum Studium im Rauhen Haus war, und da lernte ich diese ganz andere Art von Evangelisation kennen, die mir zwar fremd war, die mich aber doch beeindruckte.

1972 sollte ich die erste St.Pauli-Evangelisation miterleben. Es war Sommer, wir waren mittlerweile verlobt, und im Zug nach Hamburg betete ich: »Herr, zeige mir, wenn ich dem Dankmar da keine Hilfe sein kann, wenn ich in St. Pauli fehl am Platz bin! Zeige mir das ganz klar, und gib mir dann auch den Mut, die Verlobung zu lösen!«

Es sah zunächst tatsächlich so aus, als würden wir besser auseinandergehen. Er hatte weder Zeit noch Ohr für mich. Mit allen anderen mußte er St.Pauli-Eindrücke »aufarbeiten«, mußte Dinge »ansprechen«, brachte sogar eine gewisse Zeit der Zuwendung für mich auf – aber selbstverständlich nur im Zeitplan der Evangelisation. Und ich sollte alles mitmachen, sollte alles kennen und können und konnte eben gar nichts, noch nicht mal ein Zeugnis auf der Straße geben. Ich bin nicht so redegewandt wie andere, und von daher war das für mich eine schier unüberwindbare Hürde. Das schien keiner verstehen zu wollen, am allerwenigsten Dankmar.

Wir zogen in jenen Tagen oft singend über die Reeperbahn, und an einem Abend fiel das Mädchen, das immer Sopran gesungen hatte, aus; sie war völlig heiser, konnte weder reden noch singen. Ich habe mich dann bereit erklärt zu singen. Das fiel mir nicht so schwer wie reden. Wir zogen also wieder über die Reeperbahn mit diesem Chorus:

»Was St. Pauli heute braucht,
ist Jesus.
Er allein
kann es befrein . . .«

Plötzlich wurden mir die vielen Menschen, die an jenem Abend an uns flüchtig vorbeizogen oder auch stehen blieben, zu einer großen Last. Die Leute suchen Freude, sagte ich mir, sie suchen Frieden, aber sie wissen nicht, wo sie das finden können. Und ich weiß es, aber ich sage es ihnen nicht.

Nachdem das Lied zu Ende war, sagte ich ein oder zwei Sätze, aber ich hatte etwas gesagt und stellte dabei fest: Gott braucht mich doch, trotz meiner stillen Art, oder gerade wegen meiner Art.

Dieses Erlebnis wurde für mich und für unsere spätere Ehe sehr wichtig. Ich wußte, ich passe dahin. Bisher dachte ich immer, ich bin unter diesen singenden, marschierenden, zeugnisgebenden Leuten wie ein falscher Fuffziger. Ich kann das alles nicht. Jetzt merkte ich plötzlich: Ich brauchte es gar nicht zu können, weil Gott alles kann – einfach dadurch, daß er mir die Menschen hier aufs Herz legt und mir dadurch den Mund öffnet. Und als ich diese Erfahrung gemacht hatte, wußte ich: Ich kann Dankmar auch mit meiner anderen Art helfen. Ab da war für uns eigentlich alles klare Sache.

Catherine Booth – mein Vorbild

Es gibt ein Buch über Frauen der Heilsarmee: *Frauen unter der Fahne.* Hier wird ausschließlich von jungen Frauen im Alter von 20 bis 25 Jahren berichtet, die in Frankreich, in der Schweiz, auch in den skandinavischen Ländern neue Arbeitszweige der Heilsarmee aufbauten, also Pionierarbeit leisteten, und solche Bücher habe ich nun verschlungen. Diese tapferen Frauen ermutigten mich immer weiterzumachen, auch wenn es mal schwer war; auch wenn wir Entscheidungen zu treffen hatten, für die wir eigentlich zu jung waren, zu unerfahren; Entscheidungen, die 45jährigen anstehen oder vielleicht noch älteren.

Es hat uns dann immer wieder Mut gemacht, wenn wir an die Erfahrungen jener Leute in der Vergangenheit anknüpfen konnten, die Gott damals berufen und die er auch durchgetragen hatte – dann wird er es auch jetzt tun, und so nehmen wir seine Zusage in Anspruch, daß wir, wenn wir nach seinem Willen fragen und seine Wege gehen wollen, dann auch das Richtige tun. Auch die Mutter von Wesley ist für mich solch ein Vorbild geworden. Sie hat es ja geschafft, neben ihrer großen Familie all die Arbeit zu tun, die Hauskreise, die sie gegründet hatte, und ihr Lehramt mit allen anderen Aufgaben zu vereinbaren. Also das wäre so eine Frau.

Auch Catherine Booth. Mir stärkte immer wieder die Geschichte jener Konferenz den Rücken, die ihren Mann zum Superintendenten machen wollte, und wie sie das verhinderte. Denn sie hatte erkannt, daß man ihn mit dieser Beförderung an die Leine nehmen wollte. Er hätte dann nicht mehr so frei überall in Sälen und auf den Straßen evangelisieren können, wozu er sich berufen wußte. Das ist für mich eine ganz entscheidende Sache gewesen: Wo Gott Berufung schenkt, darf kein Komitee dazwischenreden. Da darf nur gestützt werden.

Catherine Booth war eine Frau mit Ideen, mit großer Tatkraft. Sie hatte aus wenigem ihres spärlichen Haushaltsgeldes viel machen können. Sie hat auch die Uniform entworfen. Die war damals, gerade auch die der Frauen, hochmodern. Catherine imponiert mir sehr – in jeder Hinsicht: als Frau mit all den reichen Gaben, die Gott in eine Frau legt, um den Mann zu ergänzen.

Das Team

Ich bin ein Einzelkind und sehnte mich mein Leben lang nach Geschwistern. Als wir das Team aufbauten, kamen zunächst nur diakonische Helfer. Erst nach drei Jahren kamen auch Mädchen, und ab da kam ich eigentlich voll auf meine Kosten. Ich wurde mit einer Fülle von geschwisterlichem Miteinanderleben und Voneinanderlernen belohnt. Davon bekommen sicher auch alle, die ins Team kommen, etwas mit, so daß sie am Ende ihrer Dienstzeit sagen können: Ich habe eine Menge gelernt. Aber jeder bringt auch etwas mit, und es ist so schön, die Vielseitigkeit der Gaben zu erleben, daß man über diesen Reichtum nur staunen kann. Das beflügelt auch, das freut einen. Wenn wir hinterher noch Kontakt zu Teamlern haben können, wenn wir ein Stück weit miterleben, wie sie sich weiter entwickeln, und sehen, wie die Zeit hier im Team die Leute für ein ganzes Leben prägt, dann danken wir immer wieder Gott für die Gnade, daß er Leute wie uns zu seinem Werkzeug im gemeinsamen Leben macht.

Das Zahlenverhältnis im Team zwischen Heilssoldaten und Nicht-Mitgliedern schwankt. Zur Zeit sind wir zehn Heilssoldaten im Team. Das ist noch nie so gewesen. Oft gehörten nur wir zur Heilsarmee als Mitglieder, die »Teamler« konnten sich jedoch mit der Arbeit der Heilsarmee voll identifizieren, wenn auch nicht immer mit ihren Methoden.

Manche stoßen sich an der Uniform. »Warum kann man die Uniform nicht ganz abschaffen?« fragen sie. Viele stoßen sich daran, daß der *Kriegsruf* »Kriegsruf« heißt. Aber das liegt auch an der Internationalität der Heilsarmee. In der ganzen Welt heißt die Zeitschrift der Heilsarmee »*Der Kriegsruf*«; wir können das hierzulande nicht ändern. Es müßte also von England ausgehen. Außerdem führen wir ja tatsächlich einen Krieg gegen all das, was den Menschen kaputt macht, indem wir eben nicht mit dem Friedensglöckchen in der Hand winken, sondern wirklich progressiv und aggressiv arbeiten. Deshalb ist der Titel »Kriegsruf« schon korrekt. Vielleicht wird er auch wieder aktueller. In Deutschland stößt man sich besonders aufgrund unserer braunen Vergangenheit daran.

Wir brauchen Mitarbeiter

Wer in einer so engen Gemeinschaft wie hier mit anderen – also auch mit uns – leben muß, bekommt neben all dem Guten auch weniger Gutes mit, was dann auch abstößt. Aber nur bis zu einem gewissen Punkt. Denn sobald man sich klarmacht, wo man steht, gewinnt alles neue Konturen. Bin ich mit meiner Kirche – Gemeinschaft – Gemeinde so verbunden, daß ich dort einen festen Stand habe, wenn meine Team-Zeit zu Ende ist, gehe ich dahin zurück und arbeite dort wieder mit. Oder aber ich habe dies oder jenes vor, und die Arbeit der Heilsarmee finde ich so gut, und ich habe sogar den Ruf, solch eine Arbeit zu tun – dann fällt mir die Entscheidung auch nicht schwer. Manchmal kommt das aber auch sehr überraschend.

Wir hatten da einen jungen Mann, der sich wie alle anderen Bewerber an einem langen Wochenende die Arbeit und die Teamler mal ansehen wollte, und dieser Junge hat sich innerhalb dieser paar Tage entschlossen, Heilssoldat zu werden. Er kennt die Heilsarmee auch in der Stadt, aus der er kommt, hat auch schon einiges über die Heilsarmee gelesen, und wenn es auch stimmt, daß die Heilsarmee hier sicher ganz andere Aufgaben hat als die Heilsarmee in Wiesbaden oder in Stuttgart, so hat sie doch überall dort ihre Berechtigung, wo sie lebendig ist und zum Leben verhilft.

Es genügt nicht, sonntags Versammlungen zu haben, »Hofmission« zu treiben und alte Leute zum Kaffeetrinken einzuladen, obwohl alle drei Aufgaben aus unserer Arbeit nicht wegzudenken und wichtig sind. Aber das können andere Gemeinden auch. Wenn es dazu noch eine soziale Einrichtung gibt, ist die Frage nach der Existenzberechtigung nicht mehr so groß. Aber wenn sie sich nur mühsam über Wasser hält, weder Kinder noch Jugendliche kommen, weil es einen CVJM oder andere gute Jugendarbeit gibt, da kommen einem schon einmal Fragen, ob das sein muß oder ob man die Kräfte nicht anders und konzentrierter einsetzen könnte. Wenn man dagegen Männer oder Frauen mit den Erfahrungen, die sie in unseren Großstädten machten, in solche Orte schickt, könnte auch da noch vieles geschehen.

Es gibt Offiziere, die sich wirklich bis zum letzten einsetzen. Man wird dann auch entschädigt; ich persönlich durch die Teamler. Schon in unserem ersten Ehejahr hatten wir so viele Besucher, wie ich in meinem ganzen Leben vorher weder empfangen noch gemacht hatte. Es war so neu für mich, so spannend und vielseitig, daß ich überhaupt kein Heimweh bekam, obwohl ich sehr an Zuhause hing. Als ich das erste Mal nach Hamburg fuhr, kam es mir vor wie eine Weltreise. Aber dann war ich mit Leib und Leben Pastorenfrau, die Frau Dankmars. Ich ging – wenn auch zitternd – mit ihm überall hin.

Bei den Freiversammlungen kommt es am häufigsten auch zu persönlichen Kontakten. Aber es kommt nicht bei allen Kontakten zu einem guten Ende! Bei einer Prostituierten hatte ich den Eindruck, daß sie eine Aussprache suchte. Sie kam auch zwei oder dreimal, und ich fühlte: Sie will wirklich raus. Schließlich sagte ich zu ihr:

»Bleiben Sie doch einfach hier. Was Sie jetzt brauchen, bekommen Sie von uns.«

Aber sie wollte noch ihre Handtasche holen, weil ihre Papiere da drin sind. Damals habe ich gedacht: Na ja, seine Papiere braucht man ja, und sagte:

»Okay, gehen Sie vor, und ich komme in ein paar Minuten nach.«

Aber sie war nicht mehr da, als ich kam. Andere Prostituierte standen da und sahen mich sehr böse an. Sie hatten erfahren, daß die eine raus wollte, und wenn sie das herausbekommen, tun sie alles, um dies zu verhindern.

Das war für mich ein sehr bedrückendes Erlebnis. Ich war damals so naiv zu glauben, wenn jemand aus dem Milieu raus will und ihm die nötige Hilfe dazu geboten wird, könne nichts mehr schief gehen. Aber ich hatte mich geirrt. Was die Szene hat, hält sie fest.

Kinderlos?

Ich habe in den ersten Ehejahren sehr darunter gelitten, daß wir keine Kinder bekamen. Ich habe lange mit diesem Schicksal gehadert. Obwohl ich sah, wie Gott uns die Teamler – nicht gerade als Kinderersatz, aber doch ähnlich – anvertraute und ich damit eine wichtige Aufgabe zu erfüllen hatte und auch die Menschen in St. Pauli mich brauchten – es tröstete mich nicht. Und als ich sah, wie 14-, 15-, 16jährige Mädchen Babys bekamen, bin ich innerlich fast daran zerbrochen. »Wie kann das angehen?« fragte ich. Und eines Tages fragte ich: »Hat Gott mich vergessen? Hat er mich gar verstoßen?«

Meine alten Minderwertigkeitskomplexe meldeten sich wieder. Aber Gott hatte mich offensichtlich nicht vergessen. Die alten Ängste »das kann ich nicht« und »jenes kann ich nicht« kamen zur Ruhe. Ich erlebte es ganz bewußt, wie Gott mich da veränderte, daß er die ganzen Jahre hindurch an mir arbeitete. Er gebrauchte mich für Dinge, an die ich mich früher nie herangewagt hätte. Ein Team selbständig anleiten, die ganze Hauswirtschaft in Schwung halten und dabei fünf Sachen gleichzeitig bedenken und vorbereiten – Gott brachte es fertig, er lehrte mich sehen und annehmen, daß er mir tatsächlich Gaben gegeben hatte, die zwar nicht so im Vordergrund stehen wie Dankmars Gaben, aber doch auch da sein müssen. Und erst, als ich das sehen gelernt hatte, schenkte er uns obendrein noch drei Kinder – so barmherzig ist Gott!

Ich hätte auch nie gedacht, daß ich selber einmal predigen würde. Ich habe mich immer darauf berufen, daß ich das nicht könne und nicht tue. Da seien andere, die seien dazu berufen, die sollten predigen.

Aber da kam ich an das Wort »Geh hin in dein Haus zu den Deinen und verkündige ihnen, welch große Wohltat dir der Herr getan hat« (Markus 5,19).

»Gut«, habe ich gesagt, »damit fange ich an. Ich predige jetzt meiner Familie, zuerst meinem Kind, da fange ich an!« Nicht lange danach kam jemand und fragte:

»Renate, du könntest wirklich auch mal predigen!«

»Nein«, sagte ich, »ich gehe hin und verkündige den Meinen.«

Aber nicht lange danach berief man mich zur Sergeantmajorin. Und als solche habe ich auch in der Öffentlichkeit zu reden.

Die Sergeanten und damit auch der Sergeantmajor an ihrer Spitze sind keine Offiziere, sondern lediglich leitende Mitarbeiter im Korps. Die Ränge der Offiziere sind Leutnant, Kapitän, Major, Oberstleutnant, Oberst, Kommandeur – General gibt es nur einen!

Sergeantmajorin bin ich nun seit zwei Jahren, und ich bin es gern. Dazu gehört, daß man in der Versammlung, wenn der Offizier verhindert ist, einspringt und weiterleitet. In meiner Unsicherheit sagte ich: »Nur im Notfall!« Der Notfall kam dann in der Urlaubszeit. Es war niemand da, der predigen konnte. Ich habe damals festgestellt, daß es für mich wieder ein Gehorsamsschritt war. Ich erkannte: »Das ist jetzt meine Aufgabe, jetzt im Augenblick. Nicht grundsätzlich und immer, aber jetzt.« So ging es auch.

Solche Situationen wiederholten sich. Trotzdem dürfte ich nicht sagen: »Das kann ich jetzt auch. Jetzt habe ich endlich, was andere auch haben«, sondern ich sehe: Wenn ich die Gabe brauche, dann gibt sie mir der Herr. Das ist für mich eine ganz reiche Erfahrung. Und zu anderen Zeiten sitze ich genauso gerne in meinem Büro und mache meine Verwaltungsarbeit. Oder ich beschäftige mich mit den Kindern – das ist für mich allerdings ein wirklich großes Glück.

In der Herbertstraße

Man muß die Leute liebhaben. Wenn wir durch die Herbertstraße gehen oder über die Große Freiheit, muß ich mir immer wieder sagen: Jesus hat diese Menschen genauso lieb wie mich. Es steht mir nicht zu, zu denken, sie seien Menschen zweiter Klasse.

Das muß ich mir also ganz bewußt sagen, mich manchmal dazu auch zwingen, und von Zeit zu Zeit kann ich mich nicht mehr überwinden. Dann denke ich an die Männer, für die eine solche Frau gar kein Mensch mehr ist, sondern ein Objekt, das zu funktionieren hat. Ich denke an andere Ehefrauen, von denen dann gleiche »Leistungen« erwartet werden. Ich sehe die Zuhälter, die über ihre Ware – die Frauen – verfügen. Ich denke an die Frauen, die nicht alle aus Not ihren Körper verkaufen, sondern weil sie, so lange sie noch jung sind, den Zuhältern kostbar sind, aber umso mehr ausgenützt werden – das alles ekelt mich an. Ich habe oft solch einen Ekel davor, daß ich, bevor ich mich nach St. Pauli aufmache oder mich auf ein Gespräch einlasse, in die Stille fliehe. Bevor ich den Mund aufmache, muß Gott erst einmal mit mir reden. Dann sage ich ihm, wie elend ich mich fühle, ja, ich fühle mich oft auch so unqualifiziert, daß ich am liebsten aufgeben möchte. Aber wenn ich mich dann innerlich für Gottes Wort öffne, erfahre ich es jedesmal wieder als eine Erneuerung der alten Berufung: »Ich bin mit dir – geh und verlaß dich auf mich.« Ja, und dann danke ich für das Glück, daß ich darf, und gehe auf

»So sehr hat Gott die Welt geliebt...« – Das Evangelium in der Herbertstraße

die »Große Freiheit« zu Leuten, die unfrei und liebebedürftig sind, die das Evangelium, die freimachende Botschaft, genauso nötig haben wie ein Krawattenheide, der in seiner Gemeinde sitzt.

Die Zwangssituation unter der Knute eines Zuhälters macht das Elend hier noch elender. Diese Männer sind brutal. Es gibt zwar jetzt mehr und zunehmend mehr selbständige Prostituierte, aber es gibt noch genügend, die von Zuhältern total abhängig sind und die sehr schwer da herauskommen. Und diese Frauen erleben es als ein Liebeszeichen, wenn wir kommen, ihnen guten Tag sagen und ihnen die Hand geben. Höflichkeit, Achtung erleben sie ja nie. Sie erleben sich nur noch als Ware. »Da kommt ihr immer noch zu uns?« fragen sie, oder: »... daß ihr wiederkommt – wir sind doch keine Menschen!«

»Ja, wir sind wieder da. Und dich gibt es auch noch – wir wollen dich heute mal wieder grüßen und sagen, daß Jesus Christus dich lieb hat.«

Ich konnte es eine ganze Weile nicht verstehen, wie man solchen Leuten das sagen kann. Was wollen die denn mit Gottes Segen anfangen? dachte ich. Aber nun weiß ich, daß in diesem Segen wirklich der ist, der ihnen nachgeht. Ja, dieses Nachgehen, dieses für uns auch Dranbleiben und immer wieder Hingehen, das sind jetzt die »Wege Gottes«, die ich zu gehen habe.

Das war vor ein paar Jahren noch nicht so. Wenn mein Mann zu solch einer Frau sagte: »Gott segne Sie!«, hielt ich das für einen seiner vielen Sprüche. Ich mußte an die brutalen Situationen denken, denen sie ausgesetzt sind, wie der Zuhälter knutschend von einer zur anderen geht und ihnen dabei die »Scheinchen« aus dem Ausschnitt herauszieht, die die Frauen kassiert haben – Gott weiß, wie es mich jedesmal wieder ekelt, wenn ich das miterlebe – und ich weiß, wie Er an mir arbeiten muß, damit ich für diesen Dienst brauchbar bin. Ich bewundere die Mitarbeiter, die in diesen speziellen Vierteln ihre Arbeit immer wieder neu tun. Ich kann es nur sporadisch. Und Gott bereitet mich dafür auch immer wieder zu. So kann ich es machen. Da weiß ich mich auch wirklich von Gott gesandt.

Wenn die jungen Teamler zum ersten Mal mitgehen, sind sie schockiert. Sie fragen, wie es zu alledem kommen kann, und immer wieder fragen sie: »Kommen die überhaupt wieder raus?«

Aber sie sehen auch, daß dies eine Personengruppe ist, die von niemandem sonst erreicht wird. Also müssen wir dahin gehen. Und so wird der Auftrag plötzlich wieder größer als diese eigene Skepsis.

Bei unseren jungen Männern ist es vielleicht ein wenig anders als bei den jungen Frauen. Wir stellen es ihnen frei. Wenn sich jemand absolut nicht in der Lage fühlt, das auszuhalten, oder meint, er käme dabei in Gefahr, wird er an andere Aufgaben gestellt. Wir nehmen nicht alle in diese Arbeit mit. In die Herbertstraße geht – auch mit uns als Gruppe – nur mit, wer ganz sicher ist, daß er es tun kann. Normalerweise dürfen Frauen diese Straße nicht betreten. Wenn wir dann in Uniform kommen, stellen wir uns vor – es sind ja immer wieder Neue da. Während wir singen, geht Dankmar zu den Frauen, die da angestrahlt im Schaufenster sitzen, mehr oder weniger angezogen.

Dann kann es sein, daß eine sagt:

»Haut hier ab. Ihr macht mir mein Geschäft kaputt.« Vermutlich ist gerade ein Freier da, mit dem sie verhandelt.

Es passiert aber auch, daß andere zu den Freiern sagen:

»Jetzt nicht, jetzt wollen wir da erstmal zuhören.«

Das passiert auch. Wir geben dort immer ein Zeugnis, halten eine kurze Ansprache, und es ist eigenartig, wie sehr sie nach der Liebe fragen. Wenn man über die Liebe spricht, über Gott, der die Liebe ist, und deutlich macht, daß diese Liebe eben kein Geschäft, sondern lauter zarte Liebe und Geschenk ist, dann ist es da drin still wie in einer Kathedrale.

Die Herbertstraße wird von Toren mit einer schmalen

Fußgängeröffnung an beiden Seiten abgeschlossen. In der Mitte ist noch ein schmaler Seitengang zu einem Hinterhaus, wo die »ausrangierten« Prostituierten sind, die Frauen, die nur noch fünf Mark kosten. Sie sind in der Regel noch nicht so alt, aber wer dieses »Gewerbe« ein paar Jahre lang ausübt, ist dann verbraucht im wahrsten Sinne des Wortes.

Unsere Korps-Offizierin ist gebürtige Engländerin, so daß wir auch die vielen Touristen in Englisch ansprechen können. Dann geht mancher von diesen Besuchern nachdenklich aus der abgesperrten »Zeile« hinaus, und wir beten für alle, die sich hierher verirrt haben.

Es ist heute nicht mehr soviel los wie früher. Früher war jedes Schaufenster besetzt. Jetzt bleiben manche Häuser dunkel. Zum einen wegen AIDS, und sicherlich auch, weil die Häuser Geld kosten und sich da manches nicht mehr lohnt. Einige ziehen nun wieder in die Große Freiheit, wo die sogenannten Edelnutten »arbeiten«.

Auf der Großen Freiheit

Auch die Große Freiheit besuchen wir als Gruppe. Wir gehen vom einen Ende bis zum anderen durch, singen unsere Heilslieder und halten am einen oder anderen Ende der Straße eine Freiversammlung. Wir bleiben in Kontakt mit den Leuten dort, auch zu den »Einladern« vor den Türen der Lokale, die man ja vom Fernsehen her kennt. Ich bin nur einmal durch die Lokale der »Großen Freiheit« gegangen. Das hängt mit den Kindern und meinen anderen Aufgaben in den letzten zwei Jahren zusammen. Ich denke aber auch: Im Grunde genommen kann man gar nicht soviel ausrichten. Die Frauen sind auf das Geld aus und sehen in anderen Frauen ihre Konkurrentinnen. Von daher ist dort eine sehr gereizte Atmosphäre. Es ist besser, den Kontakt zu suchen und zu zeigen: Wir sind für euch da. Das ist nötig. Wenn sie dann Hilfe brauchen, wissen sie, wo wir sind. Deshalb beschränken wir uns in erster Linie auf das Singen und die Straßenversammlung.

In den Lokalen häuft sich das Elend, je länger, desto mehr. Man sieht die Männer vor ihren Schnapsgläsern sitzen, mit einer betrunkenen Frau auf dem Schoß. Sie trösten sich in ihrem Elend und richten sich häuslich darin ein. Dabei hat es der Mann meist mit dem Alkohol und einer gescheiterten Ehe zu tun. Die Männer sind total heruntergekommen. Trotzdem muß ich mir mehr Mühe geben, den Frauen in diesen Lokalen oder den Prostituierten gerecht zu werden als den Männern. Ich finde es schlimm, wenn eine Frau so betrunken und vergammelt am Straßenrand liegt. Und es liegen da immer mehr Frauen. Da lassen sich Frauen im »Goldenen Handschuh« soviel Alkohol bezahlen, daß sie sich, total betrunken, ausziehen lassen, und am andern Morgen liegen sie irgendwo – mißbraucht, geschlagen, kaputt.

Bei Männern passiert es natürlich auch, daß sie zusammenbrechen. Wir müssen sie dann ins Krankenhaus schaffen. Manche haben nicht mal eine Unterhose an. Schmutz und Gestank – es graust einen.

Aber da müssen wir immer wieder lernen, den Menschen zu sehen, der zwar im Moment körperliche und soziale Hilfe braucht, aber im Grunde genommen viel entscheidender die sein Leben verändernde Hilfe Gottes in Anspruch nehmen müßte. Es ist manchmal mühsam, sich das zu sagen.

Bei alledem macht Erfahrung viel aus.

Es wird bei uns in St. Pauli und auch hier in der Manteuffelstraße immer viel und gründlich geputzt und desinfiziert. Deshalb habe ich noch nie die Sorge gehabt, daß da irgend etwas übertragen werden könnte. Es ist bisher auch noch nie etwas passiert. Wir achten sehr auf Hygiene, auch im Blick auf die Kinder. In St. Pauli wird nach jeder Veranstaltung bis zur Haustreppe hinunter alles gereinigt, bevor die Räume zur nächsten Veranstaltung wieder geöffnet werden; gerade auch die Toiletten und das Bad. Da gibt es ja auch Bestimmungen, die einzuhalten sind.

Manchmal lehnt man sich gegen die vielen Ansprüche der Leute auf, die einem so viel Arbeit machen. Was erwarten die alles von einem! Aber wenn dann am Dienstagnachmittag bei der Kleiderausgabe etwa 80-90 Männer da sitzen, dann freut man sich wieder. Man hat sie einfach lieb. Auch am Donnerstagnachmittag die Frauen. Das sind nicht ganz soviele. Aber wir bekommen ja auch viel Kleidung herein. Wir holen sie in ganz Hamburg ab, bekommen sie von Firmen geschenkt, und da sieht die Liebe oft sehr praktisch aus. Wenn Jesus seinen Jüngern sagte: »Bleibet in meiner Liebe, ihr seid meine Freunde, wenn ihr in meiner Liebe bleibt«, ist das ja ein Auftrag. Wie kann ich aber in Seiner Liebe bleiben, wenn ich nicht Seine Liebe praktiziere, und Seine Liebe hört ja nicht da auf, wo meine aufhört. Deshalb muß man das alles mit Jesu Augen sehen. Und dann geht man eben an die Arbeit. Sie ist wirklich nötig. Und dazu gibt Gott Seinen Segen. Wir sind oft kaputt und müde, aber auch sehr froh.

Diese Gemeinsamkeit in der Arbeit, im Erschöpftsein, in der Freude bindet uns zusammen zu einer großen Familie.

Dazu gehört auch meine Mutter. Sie ist über 80. Wir alle finden, das ist auch etwas Schönes, Normales: Die alten Leute gehören dazu. Und auch da ist Liebe zu praktizieren, wo sie doch ganz andere Ansprüche auch an junge Leute hat.

Als sie kam, verglich sie alles, was wir tun, wie wir leben und arbeiten, mit dem, wie es früher war.

»Als ich so alt war wie ihr« oder »wie du«, hieß es dann häufig. Das war für uns nicht immer ganz leicht, auch nicht für die Jugend hier. Mutter ist relativ spät zum Glauben an Jesus Christus gekommen. Sie kommt aus einem katholischen Elternhaus, hat meinen Vater geheiratet, der evangelisch war; und als ich dann zur Methodistengemeinde ging und schließlich noch zur Heilsarmee, war es für sie schwierig, das alles zusammenzubringen. Sie hat mich einfach beobachtet. Lange Jahre beobachtet. Eines Tages sagte sie:

»Jetzt merke ich, daß das bei dir nicht nur Flausen im Kopf sind. Da ist wirklich etwas dahinter!« Was »dahinter« ist, begann sie zu suchen, und mit der Zeit bekam sie ein ganz neues Glaubensverhältnis zu Jesus. Es war anders als das, was sie bis dahin gefunden hatte. Sie hatte Leben, das spürten wir. Sie kann es nur nicht so zum Ausdruck bringen; laut beten oder viel über den Glauben reden kann sie nicht. Aber das ist auch nicht entscheidend.

Sie hat uns hier unwahrscheinlich viel geholfen. 1981 ist sie zu uns gezogen und hat bis zuletzt immer gekocht und war für die Kinder da, damit ich im Team mitarbeiten konnte. Sie gehört dazu.

Nun ist sie alt und meint, sie müsse sich mehr zurückziehen. Aber auch für die Kinder ist es schön, daß die Oma da ist. Damit ist die Familie – auch die Großfamilie – eigentlich erst komplett.

... da starb das Baby – Trauerarbeit

Wir hatten zuerst nur eine »Teestube«: Wir machten mit den Gästen Bibelarbeit und boten Tee an. Es war eine Arbeit für die, die zum Glauben gekommen waren. Nach dem Besuch eines englischen Pastors hat sich daraus die Coffeebar entwickelt. Wir hatten den Pastor 1976 kennengelernt und ihn hierher nach Hamburg eingeladen. Er hat uns sein Modell vorgeführt, ein paarmal angewandt, und wir haben dann so weitergemacht. Seit 1976 läuft die Coffeebar also, und sie läuft sich nicht tot – mit immer neuem Programm, mit immer neuen Anspielen, immer neuen Liedern.

Kurze Zeit nach dieser »Gründung« war eine Jugendkonferenz auf der Langensteinbacher Höhe. Ich hatte schon mehrere Konferenzen dort besucht und war so stolz, daß ich jetzt mit zwei Kindern dahinfahren würde.

Aber da starb unser Baby. Ich hatte nur noch ein Kind.

Es folgte eine schreckliche Zeit. Doch dann entschloß ich mich, trotzdem zu fahren. Ich wollte einfach dort sein – weg von der Trauer zu Hause. Ich war verwundet. »Ich tu nichts«, sagte ich. So fühlte ich mich: unfähig, in die Ecke geworfen.

In Langensteinbach sang ein »Jugendchor«, der sich aus allen möglichen Jugendlichen von überall her, aus den verschiedensten Gemeinden, aus allen möglichen Städten zusammensetzte und den ein junger Prediger zusammen mit seiner Frau leitete – ich kannte sie aus den Jahren vorher. Ich hatte immer mitgesungen, das wollte ich nun auch versuchen – »ich bin dabei und habe sonst nichts weiter zu tun«, tröstete ich mich. Ich war ja noch so kaputt und mit mir beschäftigt!

Doch der junge Prediger kam nicht, und die Jugendlichen klagten:

»Was machen wir bloß? Ist niemand da, der das in die Hand nehmen kann? Und wir würden doch so gerne ...«

Das Jammern wurde immer deutlicher und immer lauter. Dankmar sagte nichts, aber in mir rumorte es. Am zweiten oder dritten Tag wurde mir's zuviel:

»Was meinst du, soll ich das vielleicht versuchen?«

Da machte er fast einen Luftsprung. Er hätte so darum gebetet. Dann habe ich mich angeboten. Wir gingen nach dem Essen einfach ein paar Lieder durch und sangen – auf Anhieb mehrstimmig, und ich hatte einen 70köpfigen vierstimmigen Chor mit Instrumentalbegleitung.

Mir war damals gar nicht bewußt, was da eigentlich passierte. Aber das war der Anfang. Ich hatte das nur von meinem früheren Musiklehrer abgeguckt, hatte auch stellvertretend den Chor in unserer Gemeinde mal leiten müssen, und diese guten Erfahrungen halfen mir, so daß ich das nie als etwas Besonderes betrachtet habe. Aber jetzt hieß es:

»Das war so toll, das solltest du weitermachen!« Da fiel mir ein, wir könnten Dienstag abends hier im Team immer eine Chorstunde halten. Da könnte ich also »weitermachen«.

Nachdem mir Gott unser Kind genommen und ich unter dem Gefühl so gelitten hatte, daß er mir das Kind nicht habe anvertrauen wollen, merkte ich wieder: Gott kann mich brauchen, Gott will mich brauchen, und ich darf jetzt eine Weile in dieser Aufbauphase bleiben.

Seitdem hat sich das weiterentwickelt. Gott schenkte uns noch zwei Kinder. Wir durften sie behalten. Und wenn ich am Dienstagabend die Kinder im Bett habe, dann gehe ich noch eine halbe Stunde runter und singe mit – die Leitung hat mittlerweile jemand anders übernommen.

So hat mich Gott immer wieder ein Stück weit aus der Reserve gelockt, und eines Tages merkte ich: Ich stehe ja mittendrin! Das war für mich eine ganz große Gebetserfahrung, gerade weil ich immer in der Versuchung stand, angesichts der vielen Begabungen um mich herum an meiner eigenen zu zweifeln und mich dann auch aus der Verantwortung zu stehlen.

Ingrid Trobisch erzählte einmal von einer Frau, die so in der Arbeit ihres Mannes aufging, daß sie, wenn er stürbe, gar nicht wisse, wer sie sei. Ihr ganzes Fühlen und Denken gehe sozusagen über ihren Mann.

Aber so ist es bei uns nicht. Sicher gehe ich in der Arbeit, die mein Mann tut, auch selber auf, aber ich bringe mich und meine Beiträge ergänzend ein. Ich war vorher in meinem Beruf sehr selbständig und bin es inzwischen auch hier, so daß ich schon wüßte, was ich beruflich tun könnte. Dankmar würde wohl auch wollen, daß ich die Arbeit weiterführe. Wir haben darüber schon gesprochen.

Ich hoffe nicht, daß das einmal sein muß; ich hoffe, daß er mir und den Kindern und dem Werk noch lange erhalten bleibt. Daß dabei der ganze »Glanz« auf ihn fällt, stört mich nicht. Da freue ich mich mit ihm. Denn ich erlebe ja auch, wie er angegriffen, verleumdet, bis an die Grenze des Erlaubten beansprucht wird – da sollte ich ihm die Anerkennung nicht gönnen?

Ich sehe mich als seine Gehilfin in jeder Beziehung. Als Gehilfin, was die Arbeit anbetrifft, und in erster Linie als Gehilfin zur Freude. Ich muß versuchen, in unsere Ehe, in unsere Familie diese Freude hineinzubringen, die ihn dann auch fähig macht, freudig nach draußen zu gehen. Das gelingt mir nicht immer; aber das ist mein Wunsch: daß unsere Beziehung, unsere Ehe wirklich ein gegenseitiges Geben und Nehmen ist. Da macht es mir nichts aus, in seinem Schatten zu stehen. Ich empfinde seinen Schatten nicht als Benachteiligung, sondern eher als Schutz. Er hat seine Aufgaben und auch alle möglichen Gaben dazu, und ich habe meine hier im Hintergrund, die wahrscheinlich genauso wichtig sind, und ich sehe das als eine ganz positive Ergänzung.

Vorwärts für Jesus!

Da freut es mich natürlich ganz besonders, wenn das auch unsere »Teamler« so sehen. Wenn sie, nachdem sie uns verlassen haben, in den Semesterferien oder sonst wann wieder hereinschauen, kommt manchmal auch das Thema »Ehe« zur Sprache und daß unsere Ehe sie nachdenklich mache; daß sie sich auch manchmal gewundert haben, daß unsere Ehe bei all diesem Hin und Her so gut ist, auch trotz so vieler Zeiten, in denen wir nicht zusammen sind.

Aber selbst wenn wir hier im Haus zusammen sind, haben wir oft nichts voneinander. Und dann erkämpfen wir uns diese gemeinsamen Zeiten; dann ist eine halbe Stunde soviel wert wie bei anderen zwei Tage. Auch das macht uns sehr dankbar. Als Frau an Dankmars Seite habe ich mit emanzipatorischen Gefühlen oder Ideen noch nie Schwierigkeiten gehabt. Und wenn andere Frauen hier ihre Schwierigkeiten haben, denke ich, sie dürften da nicht stehenbleiben. Ich glaube, in dieser »Rolle« als Frau soll, darf und kann man alle Gaben zur Entfaltung bringen, die Gott einem geschenkt hat.

Ich verstehe es, daß eine Frau sich ungerecht behandelt fühlt, wenn sie feststellen muß: »Ich leiste in meinem Beruf genauso viel wie ein Mann und kriege keine Anerkennung dafür.« Da würde ich auch aufbegehren. Aber wenn ein Mann begreift – ich denke da an die Epheserstelle –, daß der Mann, der seine Frau liebt, sich selbst liebt, und daß der Mann die Frau wie Christus die Gemeinde lieben soll, dann kann eigentlich nichts mehr schiefgehen. Schade, daß über diese Stelle so selten gepredigt wird! Deshalb ermutige ich die Frauen immer, wenn es geht, mit dem Mann zu reden. Wo es nicht geht, laden wir das Paar zu uns ein. Manchmal ist es ja auch die Frau, die nicht mit sich reden läßt. Wo so etwas ganz offensichtlich ist, wo es dem Mann oder der Frau gar nicht einleuchtet, daß er/sie sich vollkommen daneben benimmt und wo das auch mal gesagt werden muß, dann sagen wir es.

Wir haben da ein Wunder bei einem Ehepaar erlebt, das jetzt nicht genug über ihre Empfindungen, ihr Rollenverhalten, ihre Erwartungen in der Ehe und Familie sprechen kann. Sie arbeiten auf, was viele Jahre verschüttet, verborgen, verleugnet war. Dieser Gedanke war es, der ihnen half: Ihr könnt euch nur verstehen, wenn ihr versucht, euch zu äußern. Wenn die Frau sich immer nur duckt, dann passiert nichts. Aber wenn sie mal sagt: »Du, ich mache das jetzt nicht« und das auch verständlich erklärt – ich möchte den Ehemann sehen, der seine Frau liebt und nicht darauf hört!

Meine Eltern waren selbständig, sie hatten ein kleines Geschäft: Zeitschriften, Süßigkeiten, Schreibwaren, so einen kleinen Krämerladen. Doch mein Vater wurde sehr krank, als ich gerade in der Höheren Handelsschule war. Weil meine Mutter mit dem Geschäft nicht alleine fertig wurde, überlegte ich, wie ich möglichst schnell zu einem beruflichen Abschluß käme. Da bot sich mir die mittlere Beamtenlaufbahn an. Während der Ausbildung muß man ja alles durchlaufen, von den verschiedenen Abteilungen auf dem Amtsgericht angefangen über das Landgericht bis zum Oberlandesgericht in Stuttgart. Dort bin ich dann ein paar Jahre bei der Staatsanwaltschaft geblieben.

Als wir wußten, daß wir heiraten würden, stieg ich aus dem Beamtenverhältnis aus. Ich bekam eine Stelle als Sekretärin beim methodistischen Superintendenten in Stuttgart angeboten; dort arbeitete ich noch knapp anderthalb Jahre. Dabei gewann ich Einblick in die kirchlichen Gremien, ich arbeitete Akten auf, tat alles, was da nötig war, und so war mir die Mitarbeit auch in der Gemeinde vom Verwalterischen her nichts Fremdes mehr. Ich konnte dort eine Menge dazulernen und vieles kam mir dann in St. Pauli zugute. Es war etwas Ungewöhnliches: Eine mittlere Beamtin, zu der die Leute mit ihren zum Teil auch juristischen Problemen kommen und um Rat bitten konnten.

Und wenn dann ein Urteil oder ein Brief zu lesen waren und anhand des Aktenzeichens schnell klar wurde, worum es sich handelte, und dann die Leute den Rat bekamen, nicht aus einer Mücke einen Elefanten zu machen oder umgekehrt, es könne sich nur um dieses oder jenes handeln ... und das bei der Heilsarmee! Da wunderte sich mancher, auch in den Ämtern.

So konnte ich auch mit Bewährungshelfern hier in Hamburg gut zusammenarbeiten, obwohl sich die Betreuung ja oft überschneidet, wenn Menschen, die unter Bewährung stehen, zu uns in die Beratungsstelle kommen. Das ist bis heute noch so: Wenn unser Sozialarbeiter oder auch Dankmar einen schwierigeren Fall haben und mit Justizbehörden verhandeln müssen, übertragen sie das mir,

Hier gehören wir hin

und ich freue mich dann, daß ich ihnen so etwas abnehmen und erledigen kann – das war meine Behördenausbildung für St. Pauli.

In Göppingen half ich auch in der »Asozialen Sonntagsschule«. Ich wußte mit fünfzehn Jahren, daß Gott mich da haben wollte, und habe da neun Jahre lang Sonntag für Sonntag gearbeitet – das war meine Bibelschulausbildung für St. Pauli.

So hat uns Gott geschult. Und so wollen wir Ihm dienen.

Auskunft über die Heilsarmee erteilen
das Nationale Hauptquartier Abt. Öffentlichkeitsarbeit
Salierring 27, 5000 Köln 1
Die Heilsarmee, Talstraße 15, 2000 Hamburg 15